W0085362

Ciao,

Barbara Schaefer, Autorin dieses DuMont Bildatlas, und Frank Heuer, der für die Fotografie verantwortlich zeichnet, haben sich in Rom getroffen und einige Tage gemeinsam recherchiert. Highlight ihrer Erkundungen war eine Fahrt mit der Vespa durch Rom und weiter auf der Via Appia gen Süden.

KUNST ALLERORTEN

„Ganz stressfrei ist das allerdings nicht, auf der Vespa durch Rom zu kurven," erzählte mir Barbara Schaefer nach ihrer Rückkehr. „Lieber bummele ich zu Fuß durch die Stadt, durch schmale Gassen, immer wieder finde ich dabei interessante Ecken." In Rom stand sie plötzlich vor der kleinen Kirche Santa Maria della Pace. Die Tür war geöffnet und innen, Barbara Schaefer mochte es kaum glauben, leuchtete ein Gemälde von Raffael. Auf Kunst stößt man in der Ewigen Stadt allerorten, auf antike Schätze wie Forum Romanum und Kolosseum sowieso. Wenn Sie etwas länger in Rom sind, sollten Sie aber unbedingt auch das von Zaha Hadid geplante MAXXI besuchen, das Nationalmuseum für die Kunst des 21. Jahrhunderts. Mich hat allein schon der Bau begeistert.

UND AM ABEND?

Nach so viel Kunst ist am Abend Entspannung und Unterhaltung gefragt. Lange Zeit galt Trastevere als das Ausgehviertel schlechthin. Schön und stimmungsvoll ist es dort noch immer, aber vielen Römern ist das Viertel schon lange zu touristisch, sie haben Testaccio und San Lorenzo für sich entdeckt – oder auch Pigneto. Die besten Adressen zum Essen und Ausgehen finden Sie auf S. 99ff.
Herzlich

Ihre

Birgit Borowski

Birgit Borowski
Redaktion DuMont Bildatlas

»ES GIBT EINIGE ORTE AUF DER WELT, DIE SOLLTE MAN UNBEDINGT GESEHEN HABEN. ROM GEHÖRT UNBEDINGT DAZU.«

Recherche mit der Vespa: Die Berliner Journalistin und Autorin Barbara Schaefer auf der Via Appia Antica. Frank Heuer, Fotograf dieses Bandes, begeisterten die Szeneviertel Trastevere & Co., hier ließen sich herrliche Abendstimmungen einfangen (s.S. 12/13).

58

Kunst und Kirche bildeten jahrhundertelang eine fruchtbare Allianz.
Erst in der Neuzeit riss der Faden.

72

Ein Herz und eine Krone: Mit der Vespa
durch Rom wie einst im Film Gregory
Peck mit Audrey Hepburn.

34

Modisches Rom: Zum Shopping vom
Feinsten locken die großen Marken-
namen genauso wie junge Newcomer.

72

Die Südseite der Piazza del Popolo gleicht
nicht zufällig einer Theaterkulisse: Wer
früher von Norden in die Stadt kam, sollte
hier ein stimmiges Entree finden.

Impressionen

8 — Ansichten einer Stadt, die man schon zu kennen glaubt, bevor man überhaupt dort war. Und die man immer besser kennenlernen möchte, je mehr man von ihr weiß.

Centro Storico

22 — **ALTSTADT IM TIBERBOGEN**
Im historischen Zentrum mischt sich weltstädtisches Gebaren mit dörflichen Gebräuchen.

ZUR SACHE
34 — **ALTA MODA AUF HIGH HEELS**
Rom bietet Boutiquen und Flagshipstores aller großen Designer. Hinzu kommen interessante junge Modemacher.

38 — **CITYPLAN | INFOS | JA NATÜRLICH**

Das antike Rom

42 — **AUF DER SUCHE NACH DER VERLORENEN ZEIT**
Das antike Rom war eine Weltstadt. Heute begegnet einem die Vergangenheit auf Schritt und Tritt.

ZUR SACHE
52 — **ANIMELLA, DIE ZARTESTE VERSUCHUNG AUS DEM SCHLACHTHAUS**
Die römische Küche ist bis heute im Wesentlichen eine Armeleuteküche.

54 — **CITYPLAN | INFOS | JA NATÜRLICH**

Unsere Favoriten

Die schönsten Orte …
… zum Entspannen: Rom macht Spaß, aber die Besichtigung strengt auch an. Manchmal muss man einfach durchatmen.

Unsere Lieblingseisdielen
Exotische Sorten sind out, Klassiker wie Erdbeer und Schokolade gehen immer.

Die interessantesten Unterkünfte
Wie man sich bettet, so liegt man. Auch in Rom.

Vatikan

58 — **WIE IM HIMMEL, SO AUF ERDEN**
Der Stato della Città del Vaticano – Vatikanstadt – ist mit nur 0,44 Quadratkilometer Fläche der kleinste Staat der Welt. Gezahlt wird in Euro – obwohl der Vatikan kein EU-Mitglied ist.

68 — **CITYPLAN | INFOS | JA NATÜRLICH**

Im Osten und im Norden

72 — **VERBLASSTE MYTHEN UND MODERNE KUNST**
Im Osten geht die Sonne auf, hier kommen auch die Zugreisenden an. Im Norden bleiben die Römer meistens unter sich.

ZUR SACHE
80 — **„DIE GANZE WELT IN EINEM ZIMMER"**
Gerade Italiener sollten wissen, wie es sich anfühlt, die Heimat zu verlassen.

84 — **CITYPLAN | INFOS | JA NATÜRLICH**

Szeneviertel

88 — **DIE KARAWANE ZIEHT WEITER**
Wenn ein Viertel vereinnahmt wird, sucht sich die Szene ein neues Feld.

ZUR SACHE
96 — **ALLE WEGE FÜHREN NACH ROM …**
… aber auf Roms Straßen geht nichts voran. Die Stadt erstickt im Verkehr.

98 — **CITYPLAN | INFOS | JA NATÜRLICH**

Süden und Meer

102 — **EIN TAG AM MEER**
Im Süden der Stadt locken interessante Ausgrabungsstätten. Vor allem aber ist es da nicht mehr weit bis zum Meer, dem „Strandbad der Römer".

110 — **KARTE | INFOS | JA NATÜRLICH**

Anhang

116 — **HILFREICH & NÜTZLICH**
119 — **REGISTER, IMPRESSUM**
120 — **URLAUB ERINNERN**
122 — **LIEFERBARE AUSGABEN**

Das Beste erleben

Berührend, aufregend und spannend ...
sind unsere Ideen, die wir für Ihren Aufenthalt
in Rom zusammengetragen haben.

Reiner Genuss

1

LIDO DI OSTIA

Ein Tag am Meer: Unter den Füßen der
Sand und vor den Augen die glitzernden
Wellen – was will man mehr?
Seite 113

Frischer Schwung

2

PIAZZA NAVONA

Das schönste öffentliche „Wohnzimmer"
der Stadt ist eine Bühne des Lebens, auf der es
immer viel zu sehen gibt.
Seite 39

Grüne Wunder

* 3 *
VILLA BORGHESE

Nicht nur die in der Galleria Borghese
zu besichtigende Sammlung ist sehenswert;
auch der Park lädt zum Flanieren
und Durchatmen ein.
Seite 86

Große Kunst

* 4 *
PANTHEON

„La Rotonda" wird dieser größte
Kuppelbau der Antike auch genannt
Seite 39

* 5 *
SPANISCHE TREPPE

„Spanisch" ist an der Treppe
eigentlich nichts. Aber schön ist sie doch!
Seite 40

* 6 *
FORUM ROMANUM

Hier befand sich einst das geistige und
weltliche Zentrum des antiken Rom.
Seite 55

* 7 *
COLOSSEO

Gladiatoren, Löwen – Sie wissen
schon. Und Caesar mit dem Daumen.
Seite 55

* 8 *
PIAZZA SAN PIETRO, PETERSDOM

Der Platz der Plätze und die berühmteste Kirche
der Christenheit: Hingehen, anschauen, staunen.
Seite 69

* 9 *
MUSEI VATICANI

Ein Tag würde nicht ausreichen, um
all die Herrlichkeiten zu bestaunen.
Seite 70

* 10 *
FONTANA DI TREVI

Barocke Brunnenpracht und
„die Sache mit der Münze".
Seite 86

* 11 *
OSTIA ANTICA

Beinahe so schön wie Pompeji,
nur längst nicht so bekannt.
Seite 113

MIT ALLEN SINNEN ERLEBEN

Von der Piazza di Spagna führen mehr als 130 Stufen
hinauf zur Kirche Santissima Trinità dei Monti,
nach der die Treppe offiziell benannt ist.
Bekannter ist sie allerdings als „Spanische Treppe".
Von Mitte April bis Mitte Mai wird sie alljährlich
mit Azaleen geschmückt, um den Geburtstag der
Stadt zu feiern. Der Legende nach wurde Rom
am 21. April 753 v. Chr. gegründet.

LIEBE IST ...

... eine Himmelsmacht, und durch den Magen geht sie zudem. Das gilt auch für die Liebe zu Rom. Jene Zeiten, da es uns gefiel, als hungrige Wölfe durch die Straßen zu ziehen, sind schon eine Weile vorbei. Heute machen wir uns lieber gestärkt durch die *cucina romana* auf den Weg. Auf die Qualität der Zutaten kommt es dabei an, wie hier im Alimentari Ruggeri an der Via della Pace.

MITTENDRIN
STATT NUR DABEI

Auch jenseits des Tibers, in Trastevere, findet
das römische Leben vorzugsweise im öffentlichen
Raum statt. Und so gibt es nichts Stimmungsvolleres,
als dort einzukehren, sich einen Teller Nudeln und
ein Glas Wein zu bestellen und dabei die Straße
immer im Blick zu haben, auf der sich das Leben
wie auf einer Bühne entfaltet.

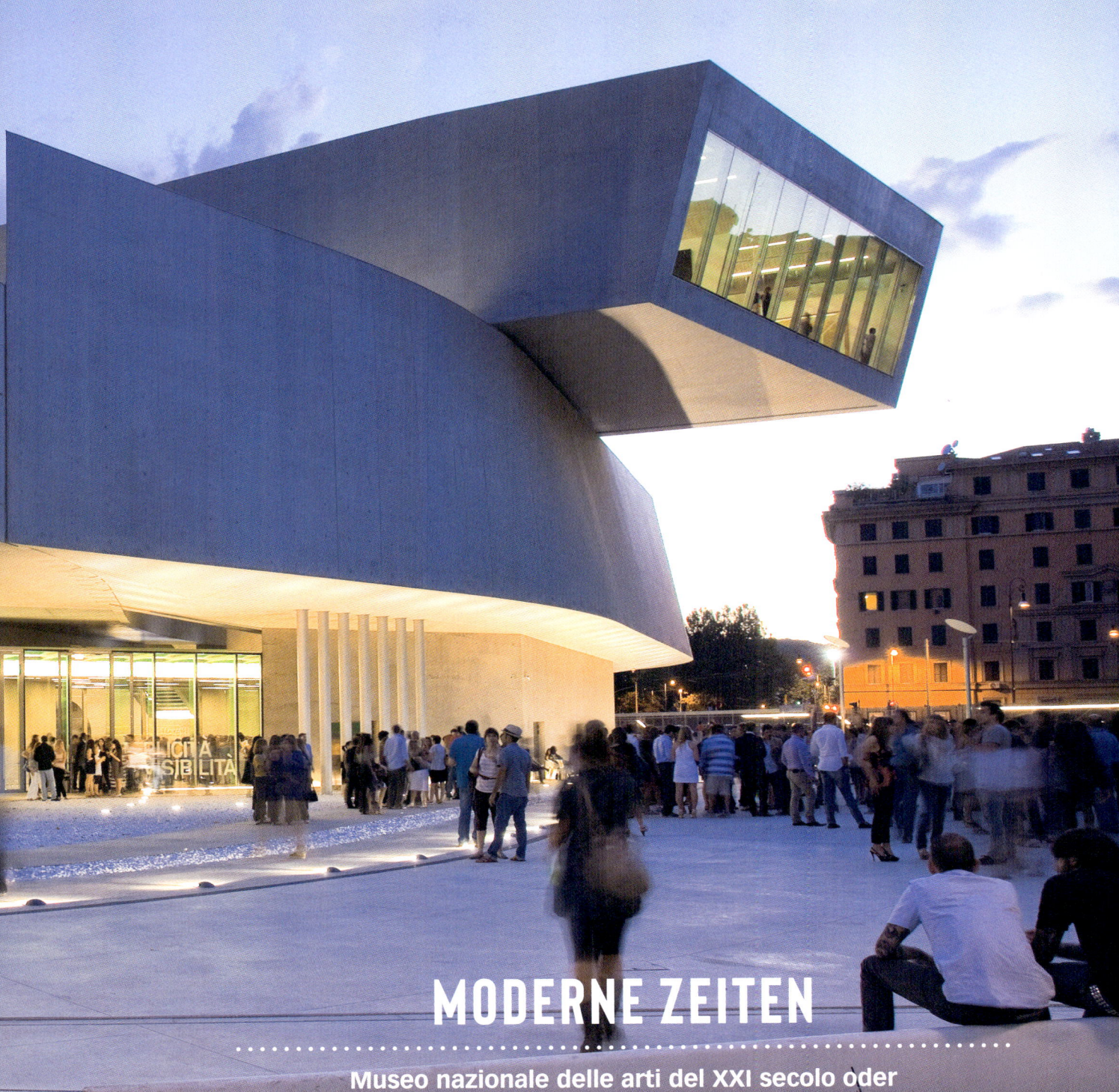

MODERNE ZEITEN

Museo nazionale delle arti del XXI secolo oder
kurz MAXXI heißt dieses der Kunst des 21. Jahrhunderts gewidmete Museum. Auf 21 200 Quadratmetern schuf Zaha Hadid eine Antithese zum klassischen Musentempel: einen modernen, lichten Bau,
in dem Kreuzungen, Rampen und Treppen
der Architektur Dynamik verleihen.

IMMER UNTERWEGS

Der römische Verkehr? Ein Kapitel für sich!
Nicht jedem ist es gegeben, sich in das offenbar
allgemeingültige System geflissentlich übersehe-
ner Regeln bei gleichzeitiger Konzentration auf den
jeweils Nächsten einzufügen. Aber mit der Vespa
durch Rom zu brausen macht trotzdem Spaß.

STADT, LAND, FLUSS

„Die Seele unserer Stadt ist flüssig. Schäumend läuft
sie den Fluss entlang, der sie durchquert …", schreibt
der römische Schriftsteller Marco Lodoli.
Dort wo der Fluss um die Kurve fließt, am „Tiberknie", wurde Rom einst gegründet. Am Ufer entlang
kann man bis zur Ponte Fabrizio spazieren,
einer der ältesten Brücken der Stadt.

Die schönsten Orte zum Entspannen

GRÜNE OASEN IN DER STADT

Rom ist schön, aber auch ganz schön groß und ganz schön anstrengend zu besichtigen. Irgendwann reicht die Pause im Straßencafé nicht mehr aus – man will Grün sehen. Glücklicherweise gibt es in Rom auch grüne Inseln zum Durchatmen. Und einige der urbanen Oasen bieten zudem herrliche Panoramablicke.

❶ Villa Borghese

Oberhalb der Piazza del Popolo beginnt die Villa Borghese, eine öffentliche Parkanlage, die – wie so oft in Rom – erst mal nicht für den Plebs gedacht war. So blieb der üppige Park bis Ende des 19. Jahrhunderts im Privatbesitz des Fürstengeschlechts der Borghese. Wie ebenfalls oft in Rom ist *villa* hier gleichbedeutend mit Park. Um hinzukommen, steigt man bergauf; da freut man sich umso mehr auf eine der Ruhebänke im Schatten. Mit schönem Blick auf den Petersdom.

Tram: 3, 19;
Metro: A (Spagna, Flaminio);
Bus: 52, 53, 217, 910

❷ Villa Ada

Die Villa Ada war ursprünglich die Privatresidenz des Königs Vittorio Emanuele III; in den Parkanlagen jagte die Königsfamilie. Und: Hier wurde im Jahr 1943 Mussolini verhaftet. Der im Norden der Stadt außerhalb der Aurelianischen Mauern an der Via Salaria gelegene Park ist – nach dem Park der Villa Doria Pamphilj – der zweitgrößte Roms und prunkt zudem mit dem größten Pflanzen- und Tierbestand. Zu Zypressen, Pinien und Zwergpalmen gesellen sich eine Rollschuhbahn und ein Fitness-Parcours.

Bus: 53, 63, 68, 86, 92 310

❸ Villa Doria Pamphilj

Mit mehr als 9 km² Fläche ist der westlich vom Gianicolo an der Via Aurelia Antica gelegene Park der Villa Doria Pamphilj der größte seiner Art in Rom. Angelegt wurde er im 17. Jahrhundert; der Name bezieht sich auf die Villa, die der Papstfamilie Pamphilj als Residenz diente. Frühmorgens sieht man hier zahlreiche Jogger. An der Via Aurelia Antica steht auf einer Terrasse das Casino dei Quattro Venti, die mit beachtlichen Standbildern und Reliefs ausgestattete „Villa der vier Winde".

Bus: 31, 33, 180, 710, 791, 870, 984

❹ Gianicolo

Nicht jeder Hügel in Rom gehört zu den klassischen sieben. So auch der Gianicolo, der sich von Trastevere entlang des Tibers bis zur Vatikanstadt erstreckt. Punkt zwölf Uhr kündigt ein Schuss aus einer erbeuteten österreichischen Kanone den Römern die Mittagszeit an – auch ein Signal für Verliebte, die hier gern in der Mittagspause schmusen. Für das grandiose Rompanorama, das sich vom Gianicolo bietet, haben sie dann allerdings meist keine Augen ...

Bus: 23, 34, 46, 46 b, 64, 98, 116, 870, 881, 982, 916, 280

❺ Via Appia Antica

Für die einen ist sie eine pinienbestandene historische Straße, für die anderen das längste Museum der Welt – und sonntags ist sie weitgehend autofrei. Im Jahr 312 v. Chr. angelegt, ist die Via Appia Antica ein weiterer Beweis dafür, dass nicht nur alle Straßen nach Rom führen, sondern viele eben auch hinaus. Kulturgenuss vereint sich hier mit Schatten, Ruhe und viel Grün.

Metro: A bis Colli Albani, von dort Bus zur Via Appia Antica;
Bus: 118, 218, 660, Archeobus von Stazione Termini

7 Parco di Centocelle

Was den Berlinern ihr Tempelhofer Feld, ist den Römern der Parco di Centocelle. Jedenfalls jenen Römern, die im Osten der Stadt wohnen. Ende 2006 wurde der an der Via Casilina gelegene Park der Bevölkerung zugänglich gemacht. Hier befand sich der erste Flughafen Roms und ganz Italiens, Anfang des 20. Jahrhunderts errichtet. Von hier startete einer der Gebrüder Wright 1909 zu Schauflügen mit dem sogenannten Flyer; danach richtete Wright hier die erste Flugschule Italiens ein.

Metro: C (Parco di Centocelle)

8 Friedhöfe

Man muss keine morbide Ader haben, um Roms Friedhöfe zu schätzen. Allein die alten Bäume und die Abwesenheit von Straßenverkehr machen sie zu einem Kleinod. Sei es der Cimitero Acattolico an der Via Caio Cestio oder der große Cimitero del Verano (Abb. oben) am Piazzale del Verano. Dort, im Viertel Tiburtino, sind Filmgrößen begraben wie Luchino Visconti, Vittorio De Sica und Sergio Leone, aber auch der italienische Freiheitskämpfer Garibaldi. Auf dem Campo Santo Teutonico (Vatikanstadt) liegen viele deutsche Pilger sowie seit 2015 auch ein belgischer Obdachloser. Letzterer hatte zuvor in den Straßen rund um den Vatikan gelebt, war vielen Priestern unter dem Namen Willy bekannt und wurde von den Geistlichen oft mit Lebensmitteln versorgt. Seine Bestattung wurde zwar nicht, wie es zuerst geheißen hatte, vom Papst persönlich initiiert, war aber wohl durchaus im Sinne von Franziskus, der nach seiner Wahl zum Papst (2013) gesagt hatte, er wolle „eine arme Kirche für die Armen" schaffen.

6 Parco del Pineto

Der Park liegt nördlich des Vatikans an der Via della Pineta Sacchetti im Valle dell'Inferno, also im „Tal der Hölle". Den wenig einladenden Namen verdankt das Tal der einst aus den Backstein- und Kalköfen der ehemaligen vatikanischen Dombaufabrik aufsteigenden Hitze. Zu sehen gibt es hier außer einem schönen Pinienwäldchen (pineto) die sich zu allen Jahreszeiten faszinierend über die Dächer der Stadt erhebende Kuppel des Petersdoms. Ebenfalls im Park befinden sich die Reste eines Aquädukts aus dem Jahr 109, das Wasser vom Lago di Bracciano nach Rom brachte und bis heute einige der römischen Brunnen versorgt. Die gibt es in den verschiedensten Ausführungen. Die einfachsten – nur ein gebogenes Ausflussrohr und ein kleines Auffangbecken darunter – werden von den Römern nasoni („Großnasen") genannt, wegen der gebogenen Form des Ausflussrohrs.

Bus: 49, 446, 994

centro storico

*

ALTSTADT IM TIBERBOGEN

*

Im historischen Zentrum mischt sich weltstädtisches Gebaren mit dörflichen Gebräuchen. Besucher aus aller Welt flanieren über die Piazza Navona, während in den Gassen ein Scherenschleifer seine Dienste anpreist und auf dem Campo de' Fiori Römerinnen Auberginen fürs Abendessen einkaufen.

Piazza Navona: Der ovale Grundriss des Platzes erinnert daran, dass sich hier einst ein antikes Stadion befand.

Blick aus dem Hotel Raphael auf den Largo Febo – unweit der Piazza Navona –, auf dem man vorzüglich speisen kann.

Am Vierströmebrunnen (Fontana dei Quattro Fiumi) auf der Piazza Navona: So stellte sich Bernini also den
– symbolisch für einen der vier damals bekannten Kontinente stehenden – Ganges vor.

Wer dem Trubel auf der Piazza Navona entfliehen will, muss nur ein paar Gassen weiter gehen.

»ICH SAH, WO ROMS STRASSEN AUSFALLEN, DEN TRIUMPHALEN HIMMEL IN DIE STADT EINZIEHEN, DER SICH UNTER KEIN TOR BÜCKTE UND ÜBER DIE SIEBEN HÜGEL VERBREITETE ...«

Ingeborg Bachmann

Roma caput mundi – die Hauptstadt der Welt? Rom ist ein Dorf. „Arrotino, arrotino", ruft eine heisere Stimme, ein Fahrrad holpert übers Kopfsteinpflaster. Der Messerschleifer bietet seine Dienste an, eine römische Hausfrau reißt das Fenster auf und ruft in die Gasse, sie komme gleich herunter. Hauptstadt der Welt? In der Via Panico werkeln Marmorschleifer und Möbelrestauratoren in garagengroßen Ladenlokalen. In den verwinkelten Gassen im Tiberknie kann man sich treiben lassen.

Unvermittelt steht man vor einer Kirche, die andernorts eine Hauptsehenswürdigkeit wäre. Hier aber hat sie zwischen ein paar Gassen ein Plätzchen gefunden: Santa Maria della Pace, eine kleine Kirche mit großer Kunst. Raffaels von Engeln flankierte Sibyllen tanzen in einer Seitenkapelle, ein Fresko voll lebhafter Figuren, alles ist Bewegung, Licht und Farbe. Die fast zehn Millionen Touristen, die Jahr für Jahr die „Ewige Stadt" besuchen, scheinen Welten entfernt zu sein. Sogar hier, mitten im historischen Zentrum, zeigt Rom das Gesicht einer Stadt, in der tatsächlich Römer leben und nicht nur Touristen flanieren. Doch nur zwei Gassen weiter öffnet sich das mittelalterliche Häusergewimmel ... Und da ist er auch schon, der Salon der Stadt, die Piazza Navona.

DER SALON DER STADT

In blendendem Weiß baut sich der Palazzo Pamphilj auf; daneben, nicht minder strahlend Sant Agnese. Aber die Augen werden abgelenkt durch Kleinkunst: Zwischen den in der Bewegung erstarrten Steinfiguren der drei barocken Brunnen wimmelt ein wahrer Zirkus an Malern, Jongleuren, Puppenspielern und athletischen Breakdancern mit Dreadlocks und Piercings. Nur während der harten Corona-Beschränkungen im Frühjahr und Herbst 2020 war die Piazza Navona zeitweise geradezu verwaist.

»ERSTAUNLICH, DASS ES NICHT ZU DUELLEN KOMMT«

Natürlich sind an der Piazza Navona die Getränke überteuert. So kostet das kleine Bier sechs Euro, auf der Rechnung werden daraus sieben, inklusive eines Fantasiezuschlags. Soll man sich ärgern? Aber nicht doch. Im Preis inbegriffen ist das Straßentheater. Kellner sind die Fischer der Piazza; sie gehen auf Menschenfang, versuchen die Gäste davon zu überzeugen, dass an ihren Tischen die Pasta besser, der Fisch frischer und überhaupt alles schöner sei als zwei Meter weiter. Erstaunlich, dass es nicht zu Duellen kommt. Die Flaneure studieren die Speisekarten, winden sich verlegen, weil sie sich beobachtet und genötigt fühlen. Sie

Blick vom oberen Ende der Spanischen Treppe auf die Via dei Condotti

Straßenszene auf der Piazza di Spagna

Blick von der Kirche Trinità dei Monti auf die
Kirche Santi Ambrogio e Carlo

So menschenleer ist die Spanische Treppe vor der Kirche Santissima Trinità dei Monti nur selten – obwohl es seit einigen Jahren verboten ist, sich auf die Stufen zu setzen. Essensreste, Kaffee- oder Colaflecke sollen dadurch dezimiert werden. Verstöße kosten bis zu 400 Euro.

signalisieren Abstand: eine Schulter abgewendet, auch die Füße zeigen weg vom Lokal. Nun muss der Kellner seinen Auftritt gut inszenieren. Ist er zu aufdringlich, verscheucht er die Hungrigen. Bleibt er indifferent, lockt er auch niemanden zu sich. „Wir haben gerade noch einen besonders schönen Tisch frei", sagt er etwa. Oder: „Prosecco gibt es gratis als Aperitif." Dann knicken die Touristen entweder ein – oder gehen eben doch weiter.

»NACHHER GIBT ES EIN SCHÖNES FEUERWERK«

Am Tiberbogen staut sich die Menschenmenge. Die Fußgängerbrücke Sant'Angelo ist gesperrt. Wurde sie etwa verkauft? Um Geld in den Staatssäckel zu bringen, sollen nämlich „nationale Gü-

ter" veräußert werden, Strände, Paläste – warum nicht auch Brücken? Oder gleich die Dolomiten? Unmut macht sich breit. Doch an der Brücke erklären Hostessen, dass es sich um einen Empfang der Stadt für Ehrengäste handelt; nur deshalb sei die Brücke für Bürger gesperrt. „Aber nachher gibt es ein schönes Feuerwerk vor der Engelsburg."

PASQUINO: FACEBOOK ALLA ROMANA

Panem et circenses? Brot und Spiele für das Volk, auf dass es sich beruhige? Der Schein werde immer wichtiger als das Sein, sagen kritische Römer. Wenn es einer der Stadtoberen oder auch einer der überregional aktiven Politiker allerdings übertreibt, kocht die Volksseele. Lautstark werden politische Entwicklungen – oder Verfehlungen – diskutiert, natür-

lich schon morgens in der Bar. Da regt sich beim Espresso eine ältere Dame auf, der Herr im Anzug daneben pflichtet ihr bei, und kurze Zeit später mehren sich die Post-its bei Pasquino. Die antike Säule steht unweit der Piazza Navona, und seit rund fünfhundert Jahren schreiben die Römer anonym auf Zettel, was

DER SCHEIN WERDE IMMER WICHTIGER ALS DAS SEIN, SAGEN KRITISCHE RÖMER.

ihnen nicht passt. Wer wissen will, was den Unmut der Römer erregt, muss nur die Zettel bei Pasquino lesen.

Von den Erregungen der Volksseele gänzlich unbeeindruckt schienen allerdings jene Angehörigen der römischen

Abendstimmung am Campo de' Fiori: Im Hintergrund erhebt sich die Kuppel der Kirche Sant'Andrea della Valle, im Vordergrund haben die jungen Wilden der Stadt dafür überhaupt keinen Blick. Sie freuen sich einfach des Lebens.

Markt auf dem Campo de' Fiori: Mag ja sein, dass es auf dem „Blumenfeld" inzwischen reichlich touristisch zugeht – es kaufen aber auch noch viele Römer hier ein.

Man(n) kann den Einkaufsbummel natürlich auch für ein Schwätzchen nutzen.

Deutsche in Rom

Special

Von Goethe bis Ortheil

„Der Warhol ist echt!" Die 2021 verstorbene Dorothee Hock, zuständig für die Öffentlichkeitsarbeit des Goethe-Hauses, freute sich immer, wenn Besucher das Bild des Pop-Art-Künstlers bestaunten. Eine Zeitlang hing es gleich am Eingang; nun findet man Warhols Adaption von Johann Heinrich Wilhelm Tischbeins „Goethe in der Campagna di Roma" mitten im Museum.

Im Jahr 1786 war der Dichterfürst aus Weimar ins Land der blühenden Zitronen geflohen, wo er ab Oktober im ersten Stock jenes Hauses unweit der Piazza del Popolo wohnte, das heute das ihm gewidmete Museum beherbergt. Derzeit leben rund 10 000 Deutsche in Rom. Für die meisten ist das ein Glück, für manche gar eine Ehre, etwa für die Stipendiaten der Villa Massimo, der Deutschen Akademie in Rom. Dort leben und arbeiten auf Einladung der Bundesregierung jeweils zehn deutsche Künstler für ein

Geheimrat goes Pop: Goethe à la Warhol

Jahr. Einen fiktiven Einblick in ihr Leben gibt der Roman „Rom, Villa Massimo", dessen Autor Hanns-Josef Ortheil auch als Gesprächspartner in Sara Morettis Interviewband „Rom auf Zeit: Villa Massimo-Stipendiaten im Gespräch" auftaucht – u. a. neben F. C. Delius, Julia Franck, Michael Krüger und Joachim Blüher, bis 2019 Direktor der heute von Julia Draganović geleiteten Villa Massimo.

Unterwelt zu sein, die vor einigen Jahren einem der Ihren, dem Clanchef Vittorio Casamonica, ein pompöses Begräbnis ausrichteten. Sechs schwarze Rösser zogen eine goldverzierte Kutsche; aus einem Hubschrauber fielen Rosenblätter zu Boden. Und als wollte man der hollywoodreifen Inszenierung die Krone aufsetzen, spielte man zur Begleitung des Trauerzugs die Filmmusik des Mafia-Kultfilms „Der Pate".

CAMPO DE' FIORI: ERST AB ZEHN UHR ABENDS KOMMEN DIE JUNGEN WILDEN

Ganz den Touristen gehört inzwischen der Campo de' Fiori, könnte man manchmal meinen. Aber der Markt floriert im Schichtbetrieb. Frühmorgens kaufen die Nachbarn Gemüse und Obst für den Tag, gegen zehn Uhr kommen die Besucher der Stadt, die in ihren Reiseführern darüber gelesen haben. Nun werden Stände mit bunten Nudeln und winzigen Olivenöl-Fläschchen aufgebaut, deren Inhalt in römischen Haushalten nicht einmal für einen Salat reichen würde. *I can fly in your handluggage*, steht daneben; das freut einen doch. Verlockend sind die Walderdbeeren. Ob man die vor dem Essen waschen muss? „Dann müsste ich schon lange tot sein", antwortet die Marktverkäuferin lachend. Neben ihr preist ein marokkanischer Marktschreier

Wo die ganze Stadt ein Museum ist, kann man dennoch (auch) mal ins Museum gehen: ins Museo Giorgio de Chirico (rechts) zum Beispiel, das ehemalige Wohnhaus und Atelier des surrealistischen Malers. Oder in die Galleria Nazionale d'Arte Moderna (ganz rechts).

An Augustus, den ersten römischen Kaiser, erinnert die ihm gewidmete Ara Pacis Augustae, der von einem Glasbau des New Yorker Architekturbüros MeierPartners geschützte, mit meisterlichen Reliefs aus Carrara-Marmor geschmückte Friedensaltar (unten und rechts unten).

einen Gurkenhobel an, der zehn Euro kosten soll, aber wirklich „Made in Italy" und nicht aus China sei. Der Glaube versetzt Berge, manchmal auch Gurkenhobel. Abends läuft der Schichtbetrieb auf dem Campo de' Fiori dann andersherum: Erst ab zehn Uhr kommen die Einheimischen, die jungen Wilden. Ein Glas Wein kostet dann fünf Euro, ohne jeden Fantasieaufschlag.

ZU UNRECHT AUF DEM SCHEITERHAUFEN

Düster blickt Giordano Bruno auf den Platz. Am 17. Februar 1600 wurde der Freidenker hier von den Schergen der Inquisition bei lebendigem Leibe verbrannt. 1887 enthüllte man an gleicher Stelle sein Denkmal – ein Skandal. Ein Affront gegenüber dem Papst, der ohne-

ROMANI DE ROMA DÜRFEN SICH NUR JENE RÖMER NENNEN, DIE SEIT MINDESTENS SIEBEN GENERATIONEN HIER LEBEN.

hin schmollend im Vatikan hockte, weil das Vereinigte Italien seinem Vorgänger die weltliche Macht genommen hatte. Leo XIII. drohte gar mit Auswanderung, verlangte, die Stadt Rom müsse das Denkmal stürzen und stattdessen eine Kirche errichten. Erst im Jahr 2000 konnte sich die katholische Kirche das Eingeständnis abringen, Giordano Bruno sei zu Unrecht in den Flammen des Scheiterhaufens gestorben. Manchmal dauert es eben ein bisschen …

JÜDISCHES LEBEN IN ROM

Vor der koscheren Bäckerei stehen Jungs mit Kippa auf dem Kopf, jüdische Frauen plaudern mit Nachbarinnen auf den Bänken in der Via Portico d'Ottavio. Friedliche Szenen der „Romani de Roma", wie sich nur diejenigen Römer nennen dürfen, die seit mindestens sieben Genera-

Zum Pantheon gehört eine große Vorhalle mit
16 Granitsäulen.

Im einzigen vollständig erhaltenen Kuppelbau der Antike sind Grundrissdurchmesser (43,20 Meter)
und Scheitelhöhe der Kuppel identisch dimensioniert.

Der Schildkrötenbrunnen auf der im ehemaligen jüdischen Getto gelegenen Piazza Mattei entstand
in der zweiten Hälfte des 16. Jahrhunderts nach Entwürfen von Giacomo della Porta.

Piazza della Rotonda: Auf den im Jahr 1578 ebenfalls von Giacomo della Porta entworfenen Brunnen stellte man 1711 einen ägyptischen Obelisken.

»ROM IST EIN KARUSSELL VON ERINNERUNGEN, WIRKLICHEN EREIGNISSEN UND TRÄUMEN ...«

Federico Fellini

tionen in Rom leben. Für die jüdische Gemeinde ein Klacks. Bereits unter Augustus (63 v. Chr.–14 n. Chr.), dem ersten römischen Kaiser, lebten rund 10 000 Juden in Rom. Erst unter christlichen Regierungen erging es den römischen Juden schlecht. 1555 wurden sie unter Papst Paul V. gezwungen, in ein als besonders ungesund geltendes Gebiet am Tiberufer, unterhalb des Monte Capitolino, zu übersiedeln. Nur tagsüber durften sie das Getto verlassen. Erst 1870, als Pius IX. seine weltliche Macht über Rom einbüßte, wurden die Mauern des Gettos wieder eingerissen. Unter Mussolini wurden die Juden verfolgt; nach dem Sturz des Diktators im Juli 1943 stürmten am 16. Oktober desselben Jahres deutsche Soldaten das jüdische Viertel von Rom. Bewaffnete SS-Angehörige deportierten mehr als tausend Einwohner nach Auschwitz, nur 15 kehrten zurück. Die einzige überlebende Frau, Settimia Spizzichino, die von Joseph Mengele für seine Menschenversuche missbraucht worden war, klagte später Papst Pius XII. an, er habe es unterlassen, auch nur ein einziges Kind zu retten. Dabei fand die Deportation quasi „unter seinen eigenen Fenstern" statt (so die US-amerikanische Historikerin Susan Zuccotti). Signora Spizzichino starb im August 2000. Heute leben etwa 14 000 Juden in Rom. Jüdische Ehen werden in der Synagoge geschlossen, „gemischte Paare" heiraten „auf dem Campidoglio", im Standesamt.

Fashion

ALTA MODA AUF HIGH HEELS

*Rom, das versteht sich von selbst, bietet Boutiquen und Flagshipstores
aller großen Designer. Aber nicht nur das: Neue Modemacher sind hinzugekommen
und entwerfen Streetwear für eine internationale junge Käuferschicht.*

Kleine Geschenke erhalten die Freundschaft:
Juwelier Buccellati in der Via Condotti.

Unfassbar. Die jungen Frauen tragen Absätze, die sagenhafte zwölf Zentimeter hoch sind. Damit stelzen sie nicht etwa über eine *passerella* – das hübsche italienische Wort für Laufsteg –, sondern gehen einfach spazieren, abends auf dem halsbrecherischen Kopfsteinpflaster des Campo de'Fiori. Typisch Italienerin, typisch Römerin. Die mit bequemem Schuhwerk oft einhergehenden Scheußlichkeiten tun sie ihren Füßen nicht an. Außer die Schlichtheit hat Methode. Wie bei jenem Engel, den wir eines Abends über den Platz rauschen sahen: fast naturblondes Haar, gazellenlange Beine, ein weißes Spitzenkleidchen, das dem Engel vielleicht zur Erstkommunion gepasst hatte, so kurz war es nun. Aber an den Füßen keine Stöckelschuhe, sondern: Doc Martens. Stilikonen *alla romana*.

Alexandra Kruse, eine Hamburger Mode-Stylistin und immer unterwegs, findet Rom großartig. „Natürlich ist Mailand für das Modevolk zweimal im Jahr ein absoluter Pflichttermin",

sagt sie, „aber Rom fetzt." Und das bezieht sich nicht auf jene „Fetzen", die sich über manch schlank gehungerter Römerinnentaille gerade noch als Kleid(chen) behaupten wollen.

Die Modemesse AltaRoma lockt zweimal im Jahr alle in die italienische Hauptstadt, die etwas mit Haute Couture zu tun haben. Nachdem die Shows zwei Jahre lang in Renzo Pianos Auditorium organisiert wurden, finden die *sfilate* nun in antikem Ambiente statt: mal im Colosseo, mal in der Nähe des Vatikans. Vor einigen Jahren eröffnete das Modehaus Valentino an der Piazza di Spagna einen neuen, vom renommierten Architekten David Chipperfield gestalteten

Flagship Store – in Laufweite zum Hauptquartier der Traditionsmarke an der Piazza Mignelli. Dort inszenierte man dann auch gleich eine Show, die an die glanzvollen Zeiten der römischen Haute Couture erinnerte: Mehr als 700 Gäste, darunter viele internationale Stars, saßen vor dem Laufsteg in Zickzackform und bewunderten bodenlange Tüllkreationen mit schwerem Goldschmuck im antikrömischen Stil genauso wie minikurze Modelle im Transparentlook mit kniehoch geschnürten Sandaletten. Mittendrin beklatschte Valentino, damals schon über achtzig und als Ehrengast neben Gwyneth Paltrow sitzend, die Entwürfe seines

Luxus-Shopping in Rom: Versace-Store in der Via Veneto (oben), Valentino in der Via Condotti (links)

italienischen Nachfolgerduos Maria Grazia Chiuri und Pierpaolo Piccioli. Der einstige Modekönig, in dessen Kreationen sich Frauen „schön und magnetisch" fühlen sollten, hatte bereits im Jahr 2007 abgedankt – seine Marke gehört heute der Herrscherfamilie des Emirats Katar, die sich das Ereignis auf der Piazza einiges kosten ließ. Doch „the show must go on": Maria Grazia Chiuri wechselte 2016 zu Dior, zu den Franzosen!

FRAU KRUSE UND FRAU FENDI

Bereits seit Gucci 1938 unweit der Spanischen Treppe einen ersten Laden eröffnete, zieht es junge Modemacher nach Rom. Mit einer Fendi-Tasche fühlt

»NATÜRLICH IST MAILAND FÜR DAS MODEVOLK ZWEIMAL IM JAHR EIN ABSOLUTER PFLICHTTERMIN. ABER ROM FETZT.«

Die Galleria Alberto Sordi an der Via del Corso, der Verbindung zwischen Piazza del Popolo und Piazza Venezia

sich Mode-Stylistin Kruse „wie meine Tante" – außer die Tasche ist von Ilaria Venturini Fendi. Deren Mutter Anna ist eine der fünf Fendi-Schwestern und Präsidentin von AltaRoma, der römischen Modemesse. Auch Ilaria macht, was Fendi gut kann: Taschen. Aber andere. Ihre Marke, Carmina Campus, verarbeitet gebrauchte Materialien. Die Taschen sind so stylish, dass sich auch Alexandra Kruse „wieder unbesorgt mit einer Fendi-Tasche sehen lassen kann". Zumal die Taschen als umweltfreundlich gelten – Stichwort Recycling. Ilaria Venturini Fendis hipper Laden in Rom heißt Re(f)use, ein Wortspiel aus Verweigern und Wiederverwenden.

ARMANI, GUCCI, PRADA & CO.

Und wo kann sich die shoppende Rom-Besucherin mit Must-haves eindecken? Zunächst wird die Dame von Welt ihre Tour noch immer zu Füßen der Spanischen Treppe beginnen. In der Via Condotti geht es im Pendelgang von Valentino und Prada zu Gucci, von Armani zu Bruno Magli, von Max Mara zu Hermes.

Sollte es regnen, kann man in die White Gallery fahren. Im abgelegenen südlichen Stadtviertel EUR präsentiert Roms erster Luxury Lifestyle Store auf mehreren Etagen Mode von Alexander McQueen bis Ermenegildo Zegna. Wer aber meint, das angebliche Novum sei im Grunde auch nichts anderes als eine Shoppingmall, nur mit Dolce & Gabbana statt H & M, hat sicher auch recht. Also schlendert das moderne Luxusmädchen lieber kreuz und quer durch die Stadt, vor allem wenn es auf der Suche nach Schmuck ist. Iosselliani heißt ein angesagter Juwelier. Was aussieht wie aus Materialien vom Flohmarkt zusammengelötet, ist pures Understatement. Denn tatsächlich handelt es sich um Gold und Platin, mit Diamanten und Smaragden besetzt. Die Designer haben bei großen Juwelieren gelernt und in Pigneto ihren Flagshipstore eröffnet.

Manch angesagten Laden findet man auch hinter der Engelsburg, so wie „40 Gradi" in der Via Virgilio. Und selbst in den Schuhläden an der Billigmeile Via del Corso kann frau Entdeckungen machen. Alexandra Kruse hat sich da mal rote Doc Martens gekauft, erzählt sie, und schickt gleich noch einen Tipp hinterher: „Ab und zu schlendere ich zur Piazza Vittorio Emanuele, in diese chinesischen und libanesischen Läden. Die haben manchmal total angesagtes Zeug."

Modeadressen

....

Edel: Via Condotti, Via Borgognona und Via Frattina sind die exklusivsten Shoppingstraßen Roms.
Modern: Recycle-Mode bieten Re(f)use (Via Fontanella Borghese 40, www.carminacampus.com/refuse/) und die White Gallery (Piazza Guglielmo Marconi, EUR, Tel. 06 54 27 74 00). Streetwear findet man u. a. bei 40 Gradi (Via Virgilio 1), Urban Star (Via Enrico Fermi 91–93, www.urbanstaroma.com/shop/) oder La Santeria (Via Giovanni Branca 84).
Schmuck: Iosselliani (Via del Leone 21, www.iosselliani.com)
Alle Infos zur Modemesse: www.instagram.com/altaroma/

Bei Luis Vuitton in der
Via Condotti finden wir
sicher auch noch ein
passendes Täschchen ...

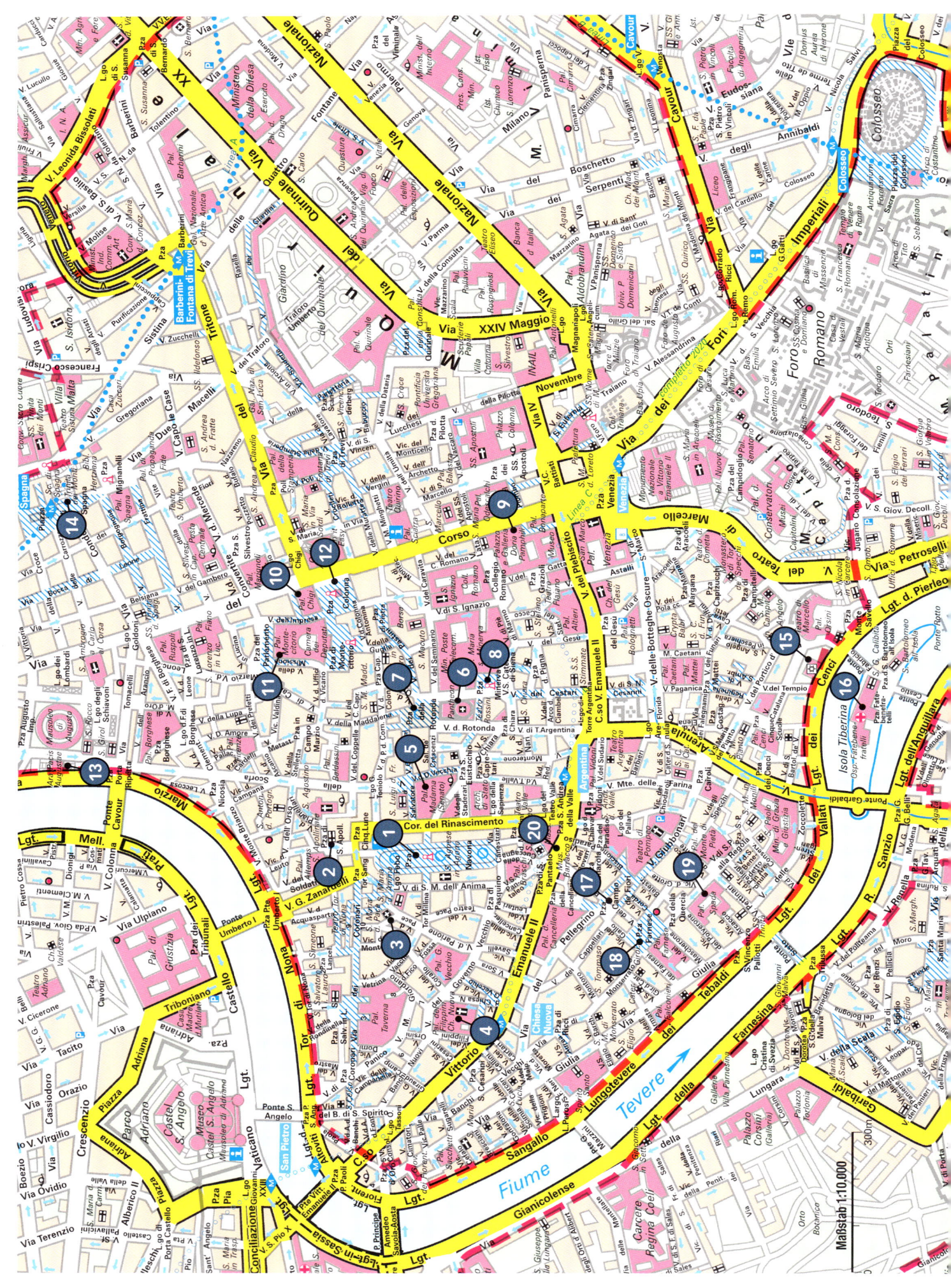

IM HERZEN DER STADT

Im historischen Zentrum mit seinen oft noch kleinstädtisch anmutenden, immer wieder auf grandiose Plätze führenden Gassen wandelt man auf den (gleich unter dem Pflaster begrabenen) Spuren der Antike und zugleich mitten im römischen Alltagsleben.

① – ③ Piazza Navona und Umgebung

Die ovale Anlage des Platzes entspricht bis heute der Arena des um das Jahr 85 unter Domitian errichteten Stadions. Darin sollen einst rund 30 000 Zuschauer Platz gehabt haben.

SEHENSWERT/MUSEUM

Zwischen Mohren- und Neptunbrunnen erhebt sich auf der ① **Piazza Navona** TOPZIEL Berninis **Vierströmebrunnen** (Fontana dei Fiumi; 1647–1651) mit allegorischen Darstellungen von Nil, Ganges, Donau und Rio della Plata. Westlich an den Platz grenzend ließ Papst Innozenz X. Pamphilj ab 1644 seinen Familienpalast **Palazzo Pamphilj** erbauen, in dem heute die brasilianische Botschaft untergebracht ist. Daran schließt sich die Kirche **Sant'Agnese in Agone** an, deren konkave Fassade, ebenso wie die Kuppel und die beiden Glockentürme, größtenteils Borrominis Werk ist. Nördlich der Piazza Navona erhebt sich an der ② **Piazza di Sant'Apollinare** der **Palazzo Altemps** mit der zum 1889 gegründeten **Museo Nazionale Romano** gehörenden **Archäologischen Sammlung** (Eingang: Piazza Sant'Apollinare 44; Di.–So. 9.30–19.00 Uhr). Richtung Tiber hat Rom sich noch einen fast kleinstädtischen Charakter bewahrt; links und rechts der Via dei Coronari verstecken sich kleine Läden und Cafés sowie die Kirche ③ **Santa Maria della Pace** mit Raffaels Sibyllen-Fresko (1514), der am Nachmittag besonders schön anzusehen ist, wenn das Licht aus den Fenstern auf die Darstellung fällt.

SHOPPING

Individuellen Schmuck mit Perlen aus Murano-Glas findet man zwischen Tiber und Piazza Navona bei **La Fornace** (Via dei Coronari 136).

RESTAURANTS

Beim Klassiker € **Da Alfredo e Ada** (Via Banchi Nuovi 14, Tel. 06 6 87 88 42; So., Mo. geschl.) erhält man einfache römische Gerichte. Vorspeisen wie die Kichererbsensuppe kosten 8 €, üppige Hauptspeisen ab 10 €, der halbe Liter Hauswein kommt für 6 € auf den Tisch – getreu dem Motto an der Wand, eine Mahlzeit ohne Wein sei wie ein Tag ohne Sonne: *„Un pasto senza vino è come una giornata senza sole."*

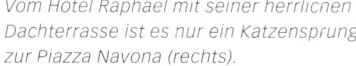

Vom Hotel Raphael mit seiner herrlichen Dachterrasse ist es nur ein Katzensprung zur Piazza Navona (rechts).

Pasta ab 9 € bekommt man im € € **Piccola Cuccagna** (Via delle Cuccagna 14, Tel. 06 6 86 19 20), einem winzigen, rustikal-charmanten Lokal mit kleinen Tischen im Freien und guter Küche, trotz touristischer Lage.
Im € € € **Vini e buffet** (Vicolo della Torretta 60, Tel. 06 6 87 14 45) trifft man sich mittags, um leichte, hochwertige Gesundkost zu speisen.
Die € € **Pizzeria La Focaccia** (Via della Pace 11, Tel. 06 68 80 33 12, www.1stmuse.com/focaccia) serviert Holzofenpizza in einer hübschen Gasse.

UNTERKUNFT

Gleich hinter der Piazza Navona liegt das von Bougainvilleen überwachsene € € € € **Hotel Raphael** (Largo Febo 2, Tel. 06 68 28 31, www.biohotelraphael.com), reizend, aber teuer.

④ – ⑧ Um die Piazza della Rotonda

Einer der beliebtesten Treffpunkte der Römerinnen und Römer im Herzen des Centro Storico ist der Brunnen auf der Piazza della

Rotonda – für Touristen ein hervorragender Ausgangspunkt für eigene Entdeckungen im historischen Zentrum.

SEHENSWERT

Am **Corso Vittorio Emanuele II,** der die Altstadt durchschneidet, liegt die als ④ **Chiesa Nuova** bekannte, im späten 16. Jh. errichtete Barockkirche **Santa Maria in Vallicella** mit drei Altarbildern von Rubens. Ebenfalls aus dem 16. Jh. stammt der als Stadtresidenz für die Familie Medici errichtete ⑤ **Palazzo Madama** (Corso Rinascimento; Besichtigung auf Anfrage: visitealsenato@senato.it), seit 1871 Sitz des Senats, einer der beiden Kammern des italienischen Parlaments. Rund um das im Ursprung auf das Jahr 27 v. Chr. zurückgehende, dem griechischen Namen nach allen Göttern geweihte ⑥ **Pantheon** TOPZIEL (www.pantheonroma.com; tgl. 9.00–19.00 Uhr; seit 2023 5 € Eintritt) geht es stets lebhaft zu. La Rotonda wird der Tempel, der als größter Kuppelbau der Antike gilt, von den Römern genannt. So erklärt sich auch der Name des umgebenden Platzes, der ⑦ **Piazza della Rotonda.** Etwas ruhiger ist es um die Ecke auf der östlich gelegenen ⑧ **Piazza Minerva,** auf der eine von Bernini geschaffene Elefantenskulptur den kleinsten der römischen Obelisken trägt.

RESTAURANT

Die € € **Enoteca Corsi** ist eigentlich nur eine Weinhandlung; aber neben den Flaschenregalen stehen auch ein paar Tische, an denen ein dreigängiges Mittagsmenü mit Pasta, Hauptgericht und Dessert 27 € kostet (Via del Gesù 87, Tel. 06 6 79 08 21, www.enotecacorsi.com; Mo. bis Sa. 11.00–20.00 Uhr, im Aug. geschl.).

9 – 13 An der Via del Corso

Die 1,5 km lange Via del Corso, meist kurz Corso genannt, verbindet die Piazza Venezia mit der Piazza del Popolo im Norden.

SEHENSWERT/MUSEUM

Am südlichen Ende der **Via del Corso** zeigt die 9 **Galleria Doria Pamphilj** (Via del Corso 305, www.dopart.it; Mo.–Do. 9.00–19.00, Fr.–So. 10.00–20.00 Uhr, nur mit Voranm. über die Homepage) Gemälde von Breughel bis Tizian.

Tipp

Isola del Cinema

Jeden Sommer wird die 16 **Tiberinsel** zur „Insel des Kinos". Man sitzt auf der kleinsten bewohnten Insel der Welt, umflossen vom trägen Tiberplätschern, und anstelle der in der verkehrsreichen Stadt ohnehin selten zu sehenden Sterne flimmert die Großleinwand. Rund 350 000 Zuschauer kommen von Ende Juni bis Anfang September hierher, freuen sich auch an Retrospektiven und Treffen mit Regisseuren und Darstellern. Beliebt sind Abende mit italienischen Filmklassikern, an denen Anita Ekberg einmal mehr in den Trevibrunnen steigt oder Pasolinis düstere Welten über die Leinwand ziehen. Da macht es nicht viel aus, wenn man kein Italienisch versteht – die Macht der Bilder wirkt auch ohne Worte.

www.isoladelcinema.com

Einen fantastischen Blick über die Dächer der Stadt hat man von der Suite 503 des im Jahr 1893 direkt an der Spanischen Treppe eröffneten Hotels Hassler (rechts).

Das Zentrum der Macht liegt etwas nördlich: Im 10 **Palazzo Chigi** logiert seit 1961 der italienische Ministerpräsident; daneben hat die Abgeordnetenkammer im 11 **Palazzo Montecitorio** ihren Sitz. Die 12 **Piazza Colonna** wurde wie der gleichnamige Stadtteil nach der Mark-Aurel-Säule (Colonna di Marco Aurelio) benannt; die römische Säule wurde im Jahr 193 fertig und steht noch am ursprünglichen Ort. Das **Augustusmausoleum** (Piazza Augusto Imperatore) ließ sich Kaiser Augustus 29 v. Chr. schon zu Lebzeiten errichten; später, 13 v. Chr., gab der Senat den ihm gewidmeten Friedensaltar, Ara Pacis Augustae, in Auftrag. Heute schützt den Altar im 13 **Museo dell'Ara Pacis** (Lungotevere in Augusta, Ecke Via Tomacelli, www.arapacis.it; tgl. 9.30–19.30 Uhr) ein ultramoderner Glasbau des New Yorker Architekturbüros MeierPartners.

RESTAURANTS

Das € € € **Gusto** (Piazza Augusto Imperatore 9, Tel. 06 3 22 62 73, www.gusto.it; tgl. 10.00–23.00 Uhr) ist Weinbar, gehobenes Ristorante und Osteria zugleich.
Das € € **Café Rosati** (Tel. 06 3 22 58 59, www. barrosati.com), seit 1922 ein berühmtes Intellektuellencafé an der Piazza del Popolo/Ecke Via di Ripetta, wird heute viel von Touristen frequentiert.

14 Rund um die Spanische Treppe

Der offizielle Name Scalinata della Trinità dei Monti verweist auf die französische Nationalkirche, zu der die Treppe hinaufführt. Angelegt wurde sie 1723–1726 auf Anregung eines französischen Kardinals, um mitten in Rom von der Größe des Königs von Frankreich zu künden. Berühmt ist sie jedoch als Spanische Treppe – nach der Piazza di Spagna zu ihren Füßen, an der im 17. Jh. der spanische Botschafter beim Heiligen Stuhl seine Residenz hatte.

SEHENSWERT

Den Blick auf die 14 **Spanische Treppe** TOP-ZIEL mit Berninis **Fontana della Barcaccia** zu ihren Füßen dürften auch die Dichter der englischen Romantik Percy Shelley und John Keats genossen haben; sie wohnten direkt nebenan

im heute als Museum zu besuchenden **Keats-Shelley-House** (Piazza di Spagna 26, www. turismoroma.it/de/places/museum-casa-museo-keats-shelley; Mo.–Sa. 10.00–13.00, 14.00–18.00 Uhr). Gleich bei der Treppe logierte im 20. Jh. auch der Maler Giorgio de Chirico im Palazzetto del Borgognoni, heute **Casa Museo de Chirico** (Piazza di Spagna 31, https://fonda zionedechirico.org; nur nach Anm.: Tel. 06 6 79 65 46). Schön zum Spazieren ist die **Via Margutta**, in der viele Restauratoren von Antiquitäten ihre Werkstatt haben.

UNTERKUNFT

Ein Stockwerk in einem historischen Palazzo belegt das gediegene, nur wenige Schritte von der Piazza di Spagna gelegene € € **Hotel Forte** (Via Margutta 61, Tel. 06 3 20 76 25, www.hotel forte.com). Elegant, ohne übertrieben schick zu sein, ist das € € **Hotel Art** (Via Magutta 56, Tel. 06 32 87 11, www.gruppouna.it/esperienze/ hotel-art-by-the-spanish-steps), ein Designhotel in einem religiösen Collegio aus dem 19. Jh. Direkt oberhalb der Spanischen Treppe liegt das vom Inhaber Roberto E. Wirth geführte € € € € **Hotel Hassler** (Piazza della Trinità dei Monti 6, www.hotelhasslerroma.com), dessen der Stadt zugewandte Zimmer einen fantastischen Ausblick bieten.

15 – 16 Ehemaliges Getto, Tiberinsel

Bereits im zweiten vorchristlichen Jahrhundert, nach der Zerstörung des Tempels von Salomon in Jerusalem (161 v. Chr), ließen sich die ersten Juden in Rom nieder. Die Stadt beherbergt eine der ältesten jüdischen Gemeinden Europas.

SEHENSWERT/MUSEUM

1901–1904 wurde die 15 **Große Synagoge** von Rom, Tempio Maggiore di Roma, erbaut, ein mächtiges Gebäude als Zeichen der Emanzipation gegenüber dem dominanten christlichen

Glauben in der Stadt. Die Kuppel auf quadratischem Grundriss ist von allen Aussichtspunkten aus zu erkennen. Die Geschichte der Juden in Rom erzählt das in der Synagoge untergebrachte **Museo Ebraico** (Lungotevere Cenci 15, Tel. 06 68 40 06 61, www.museoebraico.roma.it; So.–Do. 10.00–17.15, Fr. bis 15.15 Uhr).

In der **Via del Portico d'Ottavia** gibt es viele jüdische Läden und Bars.

Die Römerbrücke **Ponte Fabricio** verbindet die **16** **Tiberinsel** mit dem einstigen Getto. Neben der Basilika **San Bartolomeo all'Isola** befindet sich auf der Insel auch das **Ospedale Fatebenefratelli**, ein vom Orden der Barmherzigen Brüder geführtes Krankenhaus.

RESTAURANTS

Traditionelles jüdisches Essen und hausgemachte Pasta serviert die € € **Taverna del Ghetto** (Via del Portico d'Ottavia 8, Tel. 06 68 80 97 71). Auch im € € **Nonna Betta** (Via dell Portico d'Ottavia 16, Tel. 06 68 80 62 63, www.nonnabetta.it) gibt es koschere Küche. Schicker ist die € € **LoungeBar Sheva** (Via Santa Maria del Pianto 1 b, Tel. 06 68 80 15 18).

17 – **20** Campo de' Fiori und Umgebung

Der ehemalige Blumenmarkt wurde einst auch für Hinrichtungen genutzt. Heute ist er allabendlich ein beliebter Treffpunkt.

SEHENSWERT/MUSEUM

Giordano Brunos Denkmal auf dem **17** **Campo de' Fiori** erinnert an den der Ketzerei angeklagten Philosophen. Pompöser wirkt die nahe **18** **Piazza Farnese**, benannt nach dem grandiosen **Palazzo Farnese**, im 16. Jh. im Auftrag des damaligen Kardinals Alessandro Farnese errichtet, der später als Papst Paul III. Michelangelo den Auftrag zur Ausmalung der Sixtinischen Kapelle erteilte. Heute befindet sich in dem Palast der Sitz der Französischen Botschaft. Eine Ecke weiter wartet im **19** **Palazzo Spada** eine üppige Gemäldesammlung (Via Capo di Ferro 13, Tel. 06 8 41 39 79, https://galleriaspada. cultura.gov.it; Besichtigung nach Anm.: Tel. 06 6 87 48 96, dms-rm.galleriaspada@cultura. gov.it).

Das **20** **Museo Barracco** (Corso Vittorio Emanuele II 166, Tel. 06 06 08, www.museobarracco. it; Juni–Sept. Di.–So. 13.00–19.00, sonst 10.00 bis 16.00 Uhr; Reservierung: https://museiin comuneroma.vivaticket.it) zeigt frühe mediterrane Skulpturen.

RESTAURANTS

Im € **Il Fornaio** (Via dei Baullari 5, nahe Campo de' Fiori) gibt es u. a. Pizza auf die Hand, spinatgefüllte Teigrollen oder leckere süße Teilchen.

UNTERKUNFT

Das € € **Albergo del Sole** (Via del Biscione 76, Tel. 06 68 80 68 73, www.hotelsoleroma.it) bezeichnet sich als ältestes Hotel Roms, weil hier schon erste Pilgerherbergen standen.

JA, WO LAUFEN SIE DENN?

Jogging in Rom? So mancher, der seine Laufschuhe mit in die große Stadt gebracht hat, wird sich schwertun, seinen Trainingsplan durchzuziehen. Wie wäre es mit einem Morgenlauf mitten durch die Stadt?

Am einfachsten vertraut man sich einem rennenden Guide an. Natürlich wird man früh aufbrechen, bevor Abgase Stadt und Lunge belasten. Treffpunkt ist am Kiosk beim Vatikan oder einem anderen vereinbarten Ort. Da steht er, Joggingklamotten, dicke Pulsuhr … O Schreck, wird er gleich losrennen? Nein, der Jogging-Guide ist ein Profi; er passt sich dem Tempo des Gastes an, und sei es noch so langsam. Während wir traben, erklärt er auch noch, was es unterwegs zu sehen gibt. Genauer gesagt: Er redet die ganze Zeit! Wie macht er das nur, dabei nicht aus der Puste zu kommen?

Paarlauf auf der Tiberinsel und am Kolosseum vorbei

Acht, neun Kilometer schafft man so in anderthalb Stunden, eine unterhaltsame Stadtführung im Dauerlauf. Wasser muss man auch in der größten Hitze nicht mit sich führen: Jeder noch so kleine Brunnen speit erfrischend kühles Trinkwasser aus. So geht es zur Piazza Navona, wo Straßenkehrer schon im Dienst sind. Auf dem Corso Vittorio Emanuele brausen erste Roller vorbei. Blendend weiß baut sich das Vittoriano auf. Und dann flott treppauf, Michelangelos Catwalk zum Campidoglio. Oben tief durchatmen, und hinunterschauen auf die allmählich erwachende Stadt.

Anbieter: Go! Running Tours in Rome, https://gorunningtours. com/p/italy/rome/
Strecken: Es gibt verschiedene Touren mit 5 bis 20 km Länge.
Auf eigene Faust: Wer allein laufen möchte, findet gute Strecken auf https://greatruns.com/location/rome-italy/

Das antike Rom

∗

AUF DER SUCHE NACH DER VERLORENEN ZEIT

∗

Das antike Rom war eine Weltstadt; über eine Million Menschen lebten damals schon am Tiber. Und noch heute begegnet einem hier auf Schritt und Tritt „der aufgewühlte Schutt aus dem ausgegossenen Aschenkrug der Zeit", wie Jean Paul es formulierte.

Triumphbogen des Septimius Severus, Saturntempel und Vespasiantempel vor der Kulisse der barocken Kirche Santi Luca e Martina

Auf der Suche nach der verlorenen Zeit: Die antike Via Sacra war einst
der Hauptweg auf dem Forum Romanum ...

... der Tempel der Vesta (links im Bild) das zentrale Heiligtum. Der Tempel des Castor und
des Pollux (rechts) erinnert an die gleichnamigen Söhne des Zeus.

Lärm und Gestank, Abfall auf den Straßen, baufällige Mietskasernen und Slums, in denen immer wieder Brände ausbrechen – nein, das ist keine Beschreibung von Roms Gegenwart. Gemeint ist das antike Rom, in dem sich Wohlhabende nachts oft nur in einer Sänfte auf die Gassen trauten, von bewaffneten Sklaven begleitet. In dem bereits Gesetze das Verkehrschaos bändigen sollten oder Wohnhäusern nicht mehr als acht Stockwerke zugestanden. Noch im ersten vorchristlichen Jahrhundert hatte der römische Geschichtsschreiber Livius Rom ein „Kuhdorf" genannt. Erst Augustus, der erste römische Kaiser, machte sich dann daran, eine prächtige Weltstadt aus Marmor errichten zu lassen. Umso drastischer verlief die Entwicklung, als es ab dem frühen 4. Jahrhundert mit der Herrlichkeit des kaiserlichen Roms zu Ende ging. Bürger-

»ROM IST DER ORT, IN DEM SICH FÜR UNSERE ANSICHT DAS GANZE ALTERTUM IN EINS ZUSAMMENZIEHT.«

Wilhelm von Humboldt

kriege, Invasion germanischer Stämme und auch die Dekadenz in den Führungsschichten führten zum Niedergang. Offiziell beendet war das antike Kaiserreich, als der germanischstämmige Heerführer Odoaker am 28. August 476 den letzten römischen Kaiser Romulus absetzte und vertrieb. Innerhalb von 250 Jahren ging die Einwohnerzahl auf 30.000 zurück. Rom zerfiel. Auf dem Forum Romanum weideten nun Schafe.

Um den Schutz des historischen Erbes aber machte man sich schon in der Spätantike Gedanken. So ließ beispielsweise der römische Kaiser Majorian im Jahr 458 verfügen, dass alles, was zum Glanz der Stadt beitrage, „durch den Eifer der Bürger auch in gutem Zustand erhalten" werden solle. Und er beließ es nicht bei seinem Appell, sondern drohte bei dieser

Auf dem Palatin-Hügel entdeckte man erst vor wenigen Jahren eine Grotte, in der die frühen Römer wohl jenen Ort sahen, an dem die Wölfin Romulus und Remus gesäugt haben könnte.

Fresken wie die um das Jahr 30 v. Chr. für das Haus des Augustus geschaffene Apollo-Darstellung zierten einst die Gebäude auf dem Palatin.

Müßiggang an der Piazza del Campidoglio: Die Behauptung, dass man auch im Konservatorenpalast als Amtssitz der städtischen Beamten gern dem Müßiggang frönt, konnten wir bei unseren Recherchen leider nicht überprüfen.

Reiterstatue des Mark Aurel auf der Piazza del Campidoglio (Original in den Kapitolinischen Museen)

Zu den beeindruckendsten Exponaten der Kapitolinischen Museen gehören diese Reste einer Kolossalstatue Kaiser Konstantins I.

Wie die zum Platz hinaufführende Freitreppe und die umstehenden Palazzi wurde auch die ovale Piazza del Campidoglio von Michelangelo entworfen.

Gelegenheit auch gleich all jenen drakonische Strafen an, die sich an „Tempeln und anderen Denkmälern" vergreifen wollten.

LUTHER, GOETHE, MAUERSPECHTE

Mauerspechte in Rom? Bereits in der Antike? Nein, diesmal befinden wir uns in der Gegenwart. Kürzlich wurden Touristen dabei erwischt, wie sie am Colosseo nachts kleine Mauerteile abbrachen. Wie das Alte erhalten? Eine in Rom immer aktuelle Frage. Zuletzt stellte die italienische Regierung 80 Millionen Euro für Restaurierungen im Kulturbereich zur Verfügung. Auch private Unternehmer tragen ihr gar nicht mal so kleines

Scherflein zum Erhalt des kulturellen Erbes bei. So unterstützte der Schuhhersteller Tod's mit 25 Millionen Euro die Restaurierung der Fassade des Kolosseums. Gute Reklame für ihn, aber auch gut für die Allgemeinheit.

Gleich nebenan wird ein berühmter Deutscher geehrt. 500 Jahre dauerte es, bis der Theologe Martin Luther in Rom gewürdigt wurde. Nun hat er seinen Platz im Parco delle Colle Oppio, nahe dem Kolosseum: die Piazza Martin Lutero. Anfang des 16. Jahrhunderts war der junge Augustinermönch und spätere Reformator in Rom zu Besuch. Anlass der Umbenennung des Platzes war 2017 das Jubiläum 500 Jahre Reformation.

Und was die Mauerspechte betrifft: Schon Goethe wollte etwas vom alten Rom mit nach Hause nehmen. Als er „auf den Ruinen des Neronischen Palastes" herumspazierte, konnte er sich „nicht enthalten, die Taschen vollzustecken von Granit, Porphyr und Marmortäfelchen, die zu Tausenden hier herumliegen und von der alten Herrlichkeit" zeugten.

IM SCHATTEN DER GESCHICHTE

Pier Paolo Pasolini flüchtete 1950 aus dem friaulischen Städtchen Casarsa nach Rom, weil er nach dem Bekanntwerden seiner Homosexualität seine Arbeit als staatlich angestellter Volksschullehrer verlor und in der Provinz nicht mehr le-

San Giovanni in Laterano entstand Anfang des 4. Jahrhunderts als erste Basilika Roms. Benannt ist sie nach der Familie Laterani, deren Land Kaiser Konstantin für den Bau beschlagnahmen ließ.

Bronzestatue Kaiser Trajans vor den Trajans-märkten, zwischen Trajansforum und Quirinal

Annähernd 80 000 Kubikmeter Erde mussten in den Jahren 107 bis 113 bewegt werden, um das Foro di Traiano, das Trajansforum, zu errichten. Die Höhe der Trajanssäule (Bildmitte) kennzeichnet die Höhe des abgetragenen Baugrunds.

Das Nationaldenkmal Viktor Emanuel II., im Volksmund schlicht Vittoriano genannt, erhebt sich am Südende der Via del Corso, zwischen Piazza Venezia und Trajansforum. Gewidmet ist es dem ersten König des 1861 gegründeten vereinigten Italien.

Mythen und Legenden

Special

Wie alles anfing

Rom sei „zuallererst einmal eine von der Fortuna begünstigte Stadt", meinte der italienische Autor Luigi Malerba. „Ihr Glück fängt bei der Gründung an, weil Romulus imstande war, sich auf dem Tiber in einem Korb aus Weidengeflecht über Wasser zu halten ... Dann wurde er, auch das ein ziemlich einmaliger Fall, von einer Wölfin gesäugt."

In der Geschichte Roms wimmle es nur so von Ereignissen, „die sich im Zeichen der Göttin mit der Augenbinde vollziehen", fügte Malerba hinzu. Doch sein Skeptizismus in allen Ehren: Was sind schon nackte Fakten gegen bunt eingekleidete Mythen? Wer zwischen Dichtung und Wahrheit zu unterscheiden versucht, der erfährt etwa, dass archäologischen Grabungen zufolge schon zur Eisenzeit gleich auf mehreren der sieben östlich des Tibers gelegenen Hügel Hüttensiedlungen standen; die älteste wohl auf dem Palatin. Gut möglich,

Gobelin in den Kapitolinischen Museen

dass sich um 753 v. Chr. herum – auf dieses Jahr datiert Livius die Gründung der Stadt – die einzelnen Siedlungen zu einem größeren Gemeinwesen zusammenschlossen.

Napoleon zufolge ist die Geschichte der Stadt Rom zugleich die der westlichen Zivilisation. Das muss nicht wahr sein, passt aber gut zur hiesigen Redensart: *Se non è vero, è molto ben trovato* – „wenn es nicht wahr ist, so ist es zumindest sehr gut erfunden."

ben wollte. Das ist viele Jahrzehnte her, aber Homosexualität bleibt in Italien ein schwieriges Thema. Homosexuelle Jugendliche werden von ihrer Familie oft regelrecht verstoßen und kommen wie einst Pasolini nach Rom, weil sie sich dort ein freieres Leben erhoffen. Die Szene trifft sich hinter dem Colosseo. Es gibt auch eine Gay Help Line, die jeden Monat von Hunderten kontaktiert wird, die auf der Suche nach einer Bleibe sind. Schon vor Jahren schlug der damalige Präsident der Provinz Rom, Nicola Zingaretti, vor, ein Aufnahmehaus für Jugendliche zu gründen. Das wäre sicher eine gute Möglichkeit, den auf der Straße lauernden Gefahren aus dem Weg zu gehen Pasolinis Leben endete tragisch: Der berühmte Schriftsteller und Filmregisseur, der sich auch antiker Stoffe annahm, „Medea" und „Edipo Re" (König Ödipus) verfilmte, lief 1975 in Rom seinem Tod in die Arme; seine Leiche wurde am Strand von Ostia gefunden. Als Mörder verurteilte man einen Stricher, der aber 2005, lange nachdem er seine Gefängnisstrafe verbüßt hatte, sein altes Geständnis widerrief, was neue Spekulationen über Pasolinis Tod zur Folge hatte. Erst im Jahr 2015 wurde der Fall auf richterlichen Entscheid abgeschlossen – ungelöst. Die Hintergründe der Tat werden wohl ungeklärt bleiben.

Solange das Kolosseum steht, so lange besteht Rom; wenn das Kolosseum fällt, fällt Rom; wenn Rom fällt, fällt auch die Welt, meinte der englische Benediktinergelehrte Beda im 7. Jahrhundert.

Das größte Theater der römischen Welt schützte die Besucher mit einem Sonnensegel. Der Boden der Arena war mit Brettern bedeckt und konnte – für Seeschlachten – geflutet werden.

>>IN ROM IST DIE VERGANGEN-HEIT UNTERGRÜNDIG LEBEN-DIG ... WER DEN SPATEN AN-SETZT, DURCHSTICHT DIE HAUT, DIE SICH ÜBER DER GESCHICHTE GEBILDET HAT.<<

Volker Reinhardt

IM BESICHTIGUNGS-AUF-UND-AB

Dass das antike Rom auf Hügeln erbaut wurde, erfahren Besucher im Besichtigungs-Auf-und-Ab am eigenen Leib. Wer nicht nur vom Sightseeing-Doppeldeckerbus auf die Stadt blicken will, der hat einiges an Höhenmetern zu absolvieren. Dabei könnte man auf die Idee kommen, nicht nur den nach eigener Einschätzung schönsten Platz der Stadt zu küren, sondern auch die schönste Treppe. Ganz oben auf der Rangliste wird wohl bei den meisten die Spanische stehen. Majestätischer aber kommt die zum Kapitol hinaufführende Treppe daher – immerhin wurde sie von Michelangelo entworfen. Geschichte auf Schritt und Tritt auch hier. Flankiert werden die Stufen nämlich in der Höhe von zwei antiken Statuen, die Castor und Pollux zeigen und vermutlich aus dem Circus Flaminius stammen, einer in den Jahren 221 bis 220 v.Chr. von Gaius Flaminius errichteten Rennbahn. Roms steilste Treppe führt mit 124 Stufen hinauf zum Himmelsaltar – zur Kirche Santa Maria in Aracoeli. Auch sie hat ältere Referenzen, steht sie doch auf den Fundamenten des Juno-Tempels.

HINAUF AUF DIE KUPPEL ...

Die einzig wahre Heilige Treppe dagegen, die Scala Santa mit 28 Stufen, befindet sich gegenüber dem Lateranpalast. Auf ihr soll einst in Jerusalem Jesus zu Pontius Pilatus hinaufgestiegen sein. Eher skurril und mit 500 Stufen sehr lang ist die Treppe, die im Innern der Petersdomkuppel hinaufführt. Nach oben hin verengt sich der Gang derart, dass Besucher dort so schief gehen müssen wie in einem Jahrmarkt-Wunderkabinett.

... UND ZUM ALTAR DER KUNST

Bleiben noch zwei weitere Exemplare in der „Treppensammlung" der italienischen Hauptstadt: die doppelläufige, bereits im Jahr 1932 erbaute Spiraltreppe in den Vatikanischen Museen und die beeindruckend frei schwebenden Treppenflure im MAXXI, dem im Jahr 2010 eröffneten Museum für Gegenwartskunst.

Kulinarisches Rom

ANIMELLA, DIE ZARTESTE VERSUCHUNG AUS DEM SCHLACHTHAUS

Schon aus der Kaiserzeit sind „die zehn Bücher des Apicius über die Kochkunst"
überliefert; das erste Buch trägt den Titel „Der sparsame Wirtschafter".
Bis heute blieb die römische Küche im Wesentlichen eine cucina povera,
eine Armeleuteküche: einfach und bodenständig, aber nicht ohne Überraschungen.

Nomen est omen: Im Ristorante Maccheroni an der
Piazza delle Coppelle kann man bei der Zubereitung
verschiedener Nudelgerichte zusehen.

Zucchini aus dem Umland, Fisch aus dem Tiber, Innereien aus dem Schlachthof, Frittiertes aus dem Getto und Käse aus den Bergen – so sah die römische Küche früher aus. Manche Restaurants haben sich dieser kulinarischen Tradition bis heute verschrieben, und das sind bestimmt nicht die schlechtesten. Antonello Magliari etwa blättert für uns in seiner Hosteria Grappolo d'Oro die Speisekarte auf: *animella, arzilla, trippa, reni* – Begriffe, die nicht einmal jeder Italiener kennt. *Animella* beispielsweise ist Bries und in Magliaris Augen so etwas wie die zarteste Versuchung aus dem Schlachthof.

DAS FÜNFTE VIERTEL

Womit wir bereits beim Thema sind: Das „fünfte Viertel"(*quinto quarto*) eines Tieres, die Innereien, wurde nach der Schlachtung billig verkauft, weil es schnell verdarb. Nieren, Leber, Kutteln, Hirn, Zunge – all das servierten viele Restaurants im Testaccio-Viertel, gleich hinter dem größten Schlachthof Roms. Magliaris Hosteria jedoch liegt beim Campo de'Fiori. Touristen verirren sich kaum zu ihm ins Grappolo d'Oro, weil ihnen die Namen der angebotenen Speisen vielfach Rätsel aufgeben und sie die Preise für hoch halten. Dabei, seufzt Magliare, sei das Preis-Leistungs-Verhältnis bei einer Pizza für sieben Euro viel schlechter. „Kutteln zuzubereiten ist eine aufwendige Angelegenheit; man muss sie sorgfältig waschen, stundenlang kochen. Und Lammbries ist so teuer wie Austern. Das wird alles nicht mehr geschätzt." Zum Glück freuen sich seine Stammgäste über die alten Rezepte. Und für die Touristen macht er mittlerweile einige Zugeständnisse auf seiner Karte.

JÜDISCHE TRADITION

Seit rund 2000 Jahren leben Juden in Rom. Ihre Art des Kochens, vor allem das Frittieren von Gemüse, sowie die Zutaten aus dem östlichen Mittelmeerraum wie Pinienkerne, Kichererbsen und Sultaninen sind typisch. Gemüse kauft Antonello auf dem Markt. Er kennt seine Marktfrauen seit vielen Jahren und weiß, „immer das, was gerade reichlich angeboten

Während man im Maccheroni (rechts) die traditionelle, hausgemachte römische Küche pflegt, zelebriert man im La Terrazza im Hotel Eden höchste Kochkunst (links).

wird, schmeckt gut! Dann ist eben Artischocken- oder Zucchinisaison. Und ich weiß, woher alles kommt."

RÖMISCHE KLASSIKER

Früher brachten Schäfer Lammfleisch, Pecorino und Ricotta in die Stadt. Bauern belieferten Rom mit Gemüse. Fisch gab es wenig – bis auf Rochen *(arzilla)*, einen der wenigen Seefische, die traditionell auch in Rom verspeist werden. Das Rochenfleisch wird mit Brokkoli zu einer kräftigen Nudelsoße verbunden.

Ein weiterer Klassiker stammt von den Schäfern aus den Abruzzen: Spaghetti all'Amatriciana. Üblicherweise werden sie ohne Tomatensoße, nur mit Speck und Käse serviert – Zutaten, die unterwegs nicht verdarben. Einfach (gut) schmecken auch *pasta cacio pepe*, Nudeln mit Käse und Pfeffer.

Um zu betonen, dass ihre Produkte wirklich aus der Region stammen, haben Restaurants und Läden das Markenzeichen D.O.L. ersonnen: *Di Origine Laziali*. Alles, was auf der Speisekarte so gekennzeichnet ist, kommt also aus dem Latium. Dennoch droht Antonello manchmal fast der Mut zu verlieren. Vielen Italienern sei es nämlich egal, klagt er, wenn ihre Muscheln von den Philippinen kommen und das Wildschwein aus Russland. „Die richtige römische Küche ist vom Aussterben bedroht", lautet sein düsteres Resümee. Doch obwohl er weiß, dass mit Pizza viel mehr Geld zu verdienen wäre, werden in seinem Grappolo d'Oro weiter Kutteln auf der Karte stehen. Und *animella* sowieso. Sie wissen schon: Bries vom Lamm oder Kalb, die zarteste (und wohlschmeckendste) Versuchung aus dem Schlachthaus.

Grappolo d'Oro

Piazza della Cancelleria 80, Nähe Campo de'Fiori, Tel 06 68 97 08 o, www.hosteriagrappolodoro.it; **D.O.L.:** www.dioriginelaziale.it

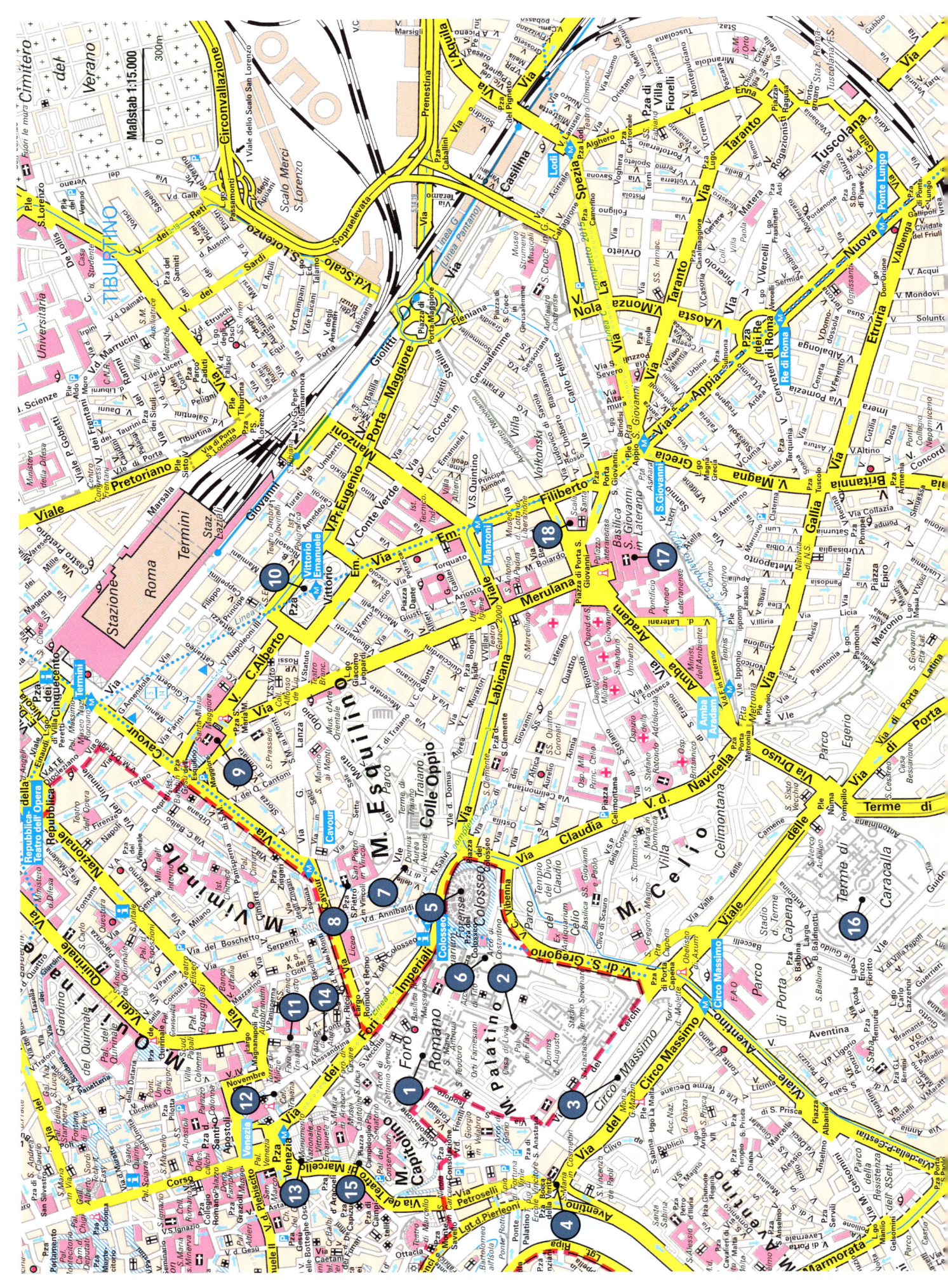

DER NABEL ROMS ...

... und der Welt war ein Rundsockel im Forum Romanum. Als „Haupt und Mutter aller Kirchen des Erdkreises" gilt San Giovanni in Laterano. Auf dem Campidoglio sitzt bis heute die Stadtregierung. Alte Götter, alte Römer, Kirchenprunk und weltliche Macht: All das findet man im Areal zwischen Forum und Hauptbahnhof.

❶ – ❹ Forum Romanum, Palatino

Von der einstigen Pracht des Forum Romanum als geistigem und weltlichem Zentrum des antiken Rom ist nicht viel übrig. Das Wenige, das erhalten blieb, erfordert umso mehr Fantasie. Das gilt auch für den Palatin (Palatino), wo der Sage nach Romulus und Remus von der Wölfin großgezogen worden sein sollen. Auf diesem Hügel findet man die ältesten Besiedlungsstrukturen der Stadt.

SEHENSWERT/MUSEUM

Der Eingang zum ❶ **Forum Romanum** TOPZIEL (Reservierung: www.coopculture.it; Ende Okt.–Mitte Febr. 8.30–16.30, Mitte Febr.–Mitte März bis 17.00, Mitte März–Ende März bis 17.30, April–Aug. bis 19.15, Sept. bis 19.00, Okt. bis 18.30 Uhr) liegt in der **Via dei Fori Imperiali**. Um das Ausgrabungsgelände in seiner ganzen Komplexität zu erfassen, müsste man sich etliche Tage lang dort aufhalten. Weiter geht es auf den ❷ **Palatino** (Piazza S. Maria Nova 53,

Ob Rom wirklich „mehr Denkmäler als Häuser" hat, wie der römische Schriftsteller Alberto Moravio (1907–1990) einmal behauptete, sei dahingestellt. Tatsächlich begegnet man dem Erbe der Zeit auf Schritt und Tritt: Konstantinsbogen (oben) und Kolosseum (links). Der Auftritt als Gladiatoren verkleideter Darsteller ist inzwischen verboten.

Tipp

Gut & günstig

Der dreitägige **Roma-Pass** (52 €) bietet freien Eintritt in die ersten beiden archäologischen Stätten, danach ermäßigten Eintritt in alle anderen Museen. Außerdem kann man den öffentlichen Nahverkehr kostenlos nutzen. Darüber hinaus werden weitere Rom-Pässe angeboten; einen guten Überblick gibt: www.rommalanders.com/rompaesse-city-cards-vergleich/ Für alle, die auch den Vatikan besuchen möchten, ist etwa der **Rom City Pass** interessant (4 Tage 124 €). Viele Pässe und Cards bekommt man an den Museumskassen (außer am Mausoleum der Cecilia Metella und in der Villa di Quintili) sowie online.

www.romapass.it
https://turismoroma.it

Via di San Gregorio 30; tgl. 8.30–17.00, im Sommer bis 19.15 Uhr). Der Hügel war schon im 9. Jh. v. Chr. bewohnt, später residierten hier die Wohlhabenden. Im 16. Jh. ließ Kardinal Alessandro Farnese einen botanischen Garten schaffen; bis heute sind die **Orti Farnesi** eine der grünen Lungen der Stadt.
Im **Antiquarium** (Museo Palatino, Öffnungszeiten wie Palatino) können Funde von Ausgrabungen auf dem Hügel besichtigt werden. (Es gibt ein Kombiticket mit Forum Romanum und Colosseo; für den Besuch des Museums wird keine zusätzl. Eintrittsgebühr verlangt). Eine leere Fläche kennzeichnet heute das weitläufige Areal der Anlage an der Via del Circo Massimo, wo sich in der Antike eine Arena für Pferderennen befand – ❸ **Circo Massimo**, die mit Abstand größte der Stadt. Die kleine Kirche ❹ **Santa Maria in Cosmedin** ist berühmt durch die Bocca della Verità an der

Außenfassade. Der Legende nach werden Lügnern die Finger abgebissen, wenn sie ihre Hand in den „Mund der Wahrheit" stecken.

❺ – ❻ Colosseo, Arco di Costantino

„Rom ist sich wiedergeschenkt, und unter deiner Regierung, Kaiser, vergnügt sich das Volk." Mit diesen Worten huldigte der Dichter Martial (40–102) dem Kaiser Vespasian, der um das Jahr 72 die Arena in Auftrag gab, deren Reste wir bis heute bewundern können.

SEHENSWERT

Zur Einweihung des 3-stöckigen ❺ **Colosseo** TOPZIEL, des größten Amphitheaters der Antike, ließ Vespasian im Jahr 80 hunderttägige

„Papstkirche" Santa Maria Maggiore (oben); antike Badeanstalt Terme di Caracalla

„Spiele zur Vergnügung des Volks" mit Gladiatoren- und Löwenkämpfen veranstalten (Piazza del Colosseo; Sommer tgl. 8.30–19.15, Winter bis 16.30 Uhr; Reservierung obligatorisch: www.coopculture.it/colosseo-e-shop.cfm). Dem in den Jahren 306–337 regierenden Kaiser Konstantin I. (eigentl. Flavius Valerius Constantinus, genannt „der Große") ist der **6 Arco di Costantino** gewidmet, ein die Taten des Kaisers auf dem Schlachtfeld verherrlichender Triumphbogen.

NIGHTLIFE
Die Gegend gleich hinter dem Colosseo ist ein abendlicher LGBTQ+-Treffpunkt – ein lebhaftes Viertel mit einem Lokal am anderen. Als „Gay Street" bekannt ist die **Via San Giovanni in Laterano**.

RESTAURANTS
Man kann es kaum fassen, mitten im Touristentrubel so angenehm zu sitzen wie im € € **Le Naumachie** (Via Celimontana 7, Tel. 0 67 00 27 64, www.naumachiaroma.com; Pasta ab 12 €), das etwas versteckt nahe beim Colosseo liegt. Das € € **Luzzi** ist ein familiär geführtes Lokal (Via S. Giovanni in Laterano 88, Tel. 0 67 09 63 32, www.trattorialuzzi.it; Mi. geschl.).

UNTERKUNFT
Östlich des Colosseo logiert man angenehm im eleganten € €/€ € € **Hotel Capo d'Africa** (Via Capo d'Africa 54, Tel. 06 77 28 01, www.hotelcapodafricarome.com) mit modernen Zimmern und schöner Dachterrasse.

7 – 10 Esquilin

Vom Colosseo in nördlicher Richtung erstreckt sich der Esquilin, einer der sieben klassischen Hügel der Stadt. Der danach benannte Stadtteil gehört zu den bevökerungsreichsten Vierteln der römischen Altstadt.

SEHENSWERT
Von der prachtvoll ausgestatteten Palastanlage **7 Domus Aurea**, die sich Kaiser Nero ab dem Jahr 64 nach dem Brand der Stadt errichten ließ, sind nur noch Reste übrig. Die Besichtigung lohnt sich aber schon wegen der Fresken (Viale Monte Oppio; nur Sa. und nur mit

Führung nach Anm. auf www.coopculture.it). Die Kirche **8 San Pietro in Vincoli** an der gleichnamigen Piazza steht auf Überresten aus dem 2. Jh., Grundsteinlegung war im Jahr 431. Besonders sehenswert ist im Innern Michelangelos berühmte Mosesfigur (1513–1516) für das Papstgrab von Julius II.
Neben dem Petersdom gibt es in der Stadt drei weitere Gotteshäuser mit einem Papstthron und einem Altar, an dem nur der Papst die Messe lesen darf. Zu diesen umgangssprachlich meist als „Papstkirchen" bezeichneten Patriarchatsbasiliken gehört neben **San Paolo fuori le Mura** und **San Giovanni in Laterano** (tgl. 7.00–18.30 Uhr) auch **9 Santa Maria Maggiore** (tgl. 7.00–19.00 Uhr); die Mariensäule vor der Kirche stammt von der antiken Maxentius-Basilika. Treffpunkt der multikulturellen Nachbarschaft ist die **10 Piazza Vittorio Emanuele II** (auch kurz: Piazza Vittorio).

11 – 14 Fori Imperiali

Als die Bevölkerung Roms so stark angewachsen war, dass das alte Forum nicht mehr ausreichte, nahm Caesar im Jahr 54 v. Chr. eine erste Erweiterung vor. Rund 50 Jahre später – Roms Einwohnerzahl näherte sich bereits der Millionengrenze – ließ Kaiser Augustus das Areal erneut erweitern. Zusätzliche Erweiterungen erfolgten 97 n. Chr. unter Kaiser Nerva und zuletzt unter dem in den Jahren 98–117 regierenden Kaiser Trajan.

SEHENSWERT/MUSEUM
Nördlich der Via dei Fori Imperiali kann man das größte, zuletzt errichtete und besterhaltene der Kaiserforen (www.turismoroma.it/de/places/archäologischer-bereich-der-fori-impe riali) von der Straße aus betrachten, ohne Eintritt zu bezahlen: das Trajansforum, **11 Foro di Traiano** (Eingang: Via IV. Novembre 94; Di.–So. 9.00–19.00 Uhr). Annähernd 80 000 m³ Erde wurden in den Jahren 107 bis 113 bewegt, um das Forum zu errichten. Die Trajanssäule, **12 Colonna di Traiano**, bezeichnet die Höhe der für das Forum abgetragenen Erde. Im Säulensockel wurde die Asche des Kaisers in einer goldenen Urne aufbewahrt; die Relieftafeln der aus 17 Marmorblöcken zusammengesetzten, im Jahr 113 fertiggestellten Säule illustrieren

den Feldzug der kaiserlichen Truppen gegen die Daker; das die Säule krönende Standbild des Kaisers ließ Papst Sixtus V. 1587 durch eine Petrusstatue ersetzen. Als Vorläufer moderner Einkaufszentren kann man die im frühen 2. Jh. zwischen dem Trajansforum und den letzten Ausläufern des Quirinals entstandenen **Trajansmärkte** (www.mercatiditraiano.it) bezeichnen. Heute gibt es dort ein multimediales Museo dei Fori Imperiali. Dort bekommen Sie einen guten Überblick, im übertragenen wie im wörtlichen Sinn, denn das Museum ist in die erhöht gelegenen Mercati di Traiano eingezogen. Von fast allen erhöhten Punkten der Stadt erkennbar ragt neben dem Trajansforum das zuckerweiße **13 Monumento Nazionale a Vittorio Emanuele II** in die Höhe, das von den meisten Römern selbst eher wenig geschätzte Denkmal zu Ehren der Einigung Italiens und des Mannes, der seit 1849 als konstitutioneller Monarch über das Königreich Piemont-Sardinien herrschte und 1861 offiziell König des geeinten Italien wurde. Das Augustusforum, **14 Foro di Augusto** (Eingang: Piazza del Grillo 1), geht auf ein Gelübde des Kaisers zurück, das dieser im Jahr 42 v. Chr. vor der Schlacht von Philippi abgelegt hatte, aber erst 40 Jahre später erfüllen konnte: den Bau einer Anlage zu Ehren des Mars Ultor, des „rächenden Mars". Mittelpunkt des von Säulenhallen umgebenen Kaiserforums ist dementsprechend der Tempel des rächenden Mars.

RESTAURANT
Das € **B-OK** (Via Celsa 7, nahe der Straßenbahnhaltestelle beim Largo Torre Argentina, Tel. 06 8 30 82 74) ist für einen schnellen Mittagslunch ideal und deshalb auch bei Angestellten aus der Umgebung beliebt. Nach 12.00 Uhr wird es in der Regel richtig voll.

UNTERKUNFT
Das € € **Hotel Nerva** liegt nur eine Gasse hinter den Kaiserforen (Via Tor de Conti 3, Tel. 06 6 78 18 35, www.hotelnerva.com).

15 Campidoglio

Auf Roms berühmtestem Hügel, dem **Campidoglio** (Kapitol), im Altertum das politische und religiöse Zentrum der Stadt, standen einst die Tempel des Jupiter Optimus Maximus Capitolinus und der Juno Moneta – genau da, wo sich heute der Konservatorenpalast und die Kirche Santa Maria in Aracoeli befinden.

SEHENSWERT/MUSEUM
Der in den Jahren 1547 bis 1605 unter den Baumeistern Michelangelo, Giacomo della Porta und Girolamo Rainaldi errichtete Senatorenpalast, **Palazzo Senatorio**, ist heute der Sitz von Stadtrat und Bürgermeister (keine Besichtigung möglich). Michelangelos **Piazza del Campidoglio** ziert eine Kopie der Reiterstatue Mark Aurels. Das im 2. Jh. aus Bronze gegossene Original steht heute in den Kapitolinischen Museen, **Musei Capitolini**, einer der wichtigsten Antikensammlungen der Welt (Piazza del

Campidoglio 1, www.museicapitolini.org; tgl.
9.30–19.30 Uhr); untergebracht ist sie im **Palazzo dei Conservatori** und **Palazzo Nuovo**.
Zu der noch höher gelegenen Franziskaner-
kirche **Santa Maria in Aracoeli** (Via di Teatro
di Marcello) führt eine steile Freitreppe hinauf,
die „Himmelsleiter".

RESTAURANT

Das **€ Caffè Capitolino** (Piazzale Caffarelli 4;
nur tagsüber) ist fast noch ein Geheimtipp.
Rechts am Palazzo dei Conservatori vorbei
geht es eine kleine Straße hinauf; im Palazzo
Nr. 4 einfach eintreten – im zweiten Stock gibt
es ein Selbstbedienungscafé mit einer fantastischen Terrasse, von der man einen herrlichen
Blick über halb Rom hat.

16 Terme di Caracalla

Von der hoch entwickelten Badekultur der Römer zeugen die im Jahr 206 unter Kaiser Septimius Severus begonnenen, 216 von Caracalla
eröffneten und nach ihm benannten Thermen.

SEHENSWERT

Rund 1600 Besucher konnten in den **16 Terme
di Caracalla** (Via delle Terme di Caracalla 52,
www.coopculture.it/it/poi/terme-di-caracalla/)
gleichzeitig ihr Bad genießen, was – wie in
einem modernen Thermalbad – nicht nur der
Körperpflege, sondern auch dem Vergnügen
diente. Wo die einen (oben) freiwillig schwitz-
ten, gerieten die anderen (unten) unfreiwillig
ins Schwitzen: Hunderte Sklaven mussten das
unterirdische Umluftsystem in Gang halten.

17 San Giovanni in Laterano

„Haupt und Mutter aller Kirchen der Stadt und
des Erdkreises" ist San Giovanni in Laterano.
Die Bischofskirche des Papstes steht für Katholiken sogar über dem Petersdom.

SEHENSWERT

Die erste christliche Basilika Roms geht in ihrem Ursprung auf einen bereits im 4. Jh. im
Auftrag von Kaiser Konstantin errichteten Bau
zurück. Im 17. Jh. erneuerte Borromini Teile
des Kircheninnern im Geschmack der Zeit;
im 18. Jh. wurde eine Fassade vorgeblendet
(Piazza S. Giovanni in Laterano; tgl. 7.00–18.30
Uhr). Die Kirche steht an der Südseite des
Lateranspalasts, der bis zu Beginn des 13. Jh.
als Papstresidenz diente.

18 Scala Santa

Gegenüber dem Lateranspalast ist die Scala
Santa das Ziel vieler christlicher Pilger, da Jesu
Füße die Stufen berührt haben sollen, als man
ihn zu Pontius Pilatus führte. Die heilige Helena,
Mutter des römischen Kaisers Konstantin, ließ
die Treppe im Jahr 326 nach Rom bringen.

COOLE SPAZIERGÄNGE ZUR KULTUR

Bei individuellen Stadtführungen wird der Blick für
das kleinste Detail geschärft, was den Teilnehmern den Sinn des
großen Ganzen erschließt. Alessandro Canestrini, Südtiroler mit
deutscher Muttersprache, hat in den 1990ern Kunstgeschichte in
Wien studiert und sich dann in Rom, zusammen mit anderen, auf
Kulturspaziergänge spezialisiert.

Canestrini weiß die Antwort meist schon, bevor Sie gefragt
haben. Die Antike dauerte fünf Jahrhunderte, sagt er, und sei viel-
schichtig im wörtlichen Sinn. Erhalten habe sich, was überbaut
wurde und später ausgegraben werden konnte – oder was chris-
tianisiert wurde. „Sehen Sie die Figur auf der Trajanssäule?" Der
heilige Petrus wurde auf die römische Säule gestellt, und so steht
sie bis heute. Oder das Gegenteil: Das alte Rom als Steinbruch.
Säulen und Marmorblöcke wurden verbaut, weil ihr materieller
Wert mehr geschätzt wurde als der künstlerische.

Kulturspaziergang mit Alessandro Canestrini in Santa Pudenziana

Canestrini führt seine Schar zum plätschernden Brunnen
in einen Innenhof. Das war mal ein Sarkophag, erklärt er und
datiert das gute Stück anhand der Frisur der abgebildeten Dame.
Wenn bei Bauarbeiten etwas gefunden wird, kommt das Denkmal-
amt und schaut es sich an. Wenn es nur Alterswert, keinen Kunst-
wert hat – wie dieser Sarkophag –, kann es am Fundort bleiben.
Vor einem verschachtelten Haus zeigt Canestrini auf die Ecken
und Kanten und ruft aus: „Frühe Antike, späte Antike, schlam-
piges Mittelalter, Barock und dann die Neuzeit – alles an einem
Häuserblock. Willkommen in Rom!"

RomaCulta: Kulturspaziergänge zu diversen Themen;
Tel. +39 33 87 60 74 70, www.romaculta.com
Kosten: ca. 150 € für eine 3-Std.-Tour mit bis zu 5 Pers.; Preise für
größere Gruppen oder Gruppen mit Kindern auf Anfrage.
RomaCulta versucht, Familien, die weniger Geld ausgeben wollen,
mit anderen Familien mit gleichaltrigen Kindern zusammenzulegen.

Vatikan

*

WIE IM HIMMEL, SO AUF ERDEN

*

Der Stato della Città del Vaticano ist mit nur 0,44 km² Fläche und weniger als 1000 Einwohnern der kleinste Staat der Welt. Als Zahlungsmittel dient der Euro, obwohl der Vatikan kein Mitglied der EU ist – und das ist nicht die einzige Auffälligkeit der winzigen Enklave.

Mit einer überbauten Fläche von rund 15 000 Quadratmetern gehört der ab dem Jahr 1506 errichtete Petersdom zu den größten Gotteshäusern der Welt.

Das von Kaiser Hadrian (76–138) für sich selbst erbaute Mausoleum verwandelten die Päpste ab dem 9. Jahrhundert sukzessive in eine Fluchtburg. Vom 14. Jahrhundert an verband ein unterirdischer Geheimgang die Engelsburg mit dem Papstpalast.

Blick über den Tiber hinweg auf Ponte Vittorio Emanuele II und Petersdom. „Rom wollte immer herrschen, und als seine Legionen fielen, sandte es Dogmen in die Provinzen." (Heinrich Heine)

Ganz oben: Von der Kuppel des Petersdoms aus gesehen erschließen sich erst die gewaltigen Dimensionen des sich unten ausbreitenden Petersplatzes.

> **»DIE DIENER DER KIRCHE MÜSSEN VOR ALLEM DIENER DER BARMHERZIGKEIT SEIN.«**
>
> Papst Franziskus

Der Vatikan ist eine absolute Wahlmonarchie – das gibt es sonst nur noch in Malaysia und den Vereinigten Arabischen Emiraten. Zudem ist er einer der letzten antikapitalistischen Staaten, mit einem Katholikenanteil von 100 Prozent. Hier gibt es keinen privaten Grundbesitz, Wohnungen werden den Bürgern für die Dauer ihres Amtes zugeteilt. Das gilt auch für die Armee des Vatikans, die Schweizergardisten, deren Uniformen eher schmuck als praktisch sind und – so schön die Legende auch klingen mag – wohl nicht von Michelangelo entworfen wurden.

REAL, IRREAL — GANZ EGAL

Ob der Papst als Oberhaupt der römisch-katholischen Kirche unfehlbar ist, wie es im Sommer 1870 während des Ersten Vatikanischen Konzils zum Dogma erhoben wurde, mag (auch) eine Frage des Glaubens sein – unanfechtbar schön ist fraglos der Petersplatz in der abendlichen Dämmerung. Ein nachtblau leuchtender Himmel und der warme Schein der Straßenlampen geben ihm den Anschein eines in Berninis Säulen eingefassten Hologramms, das zu verschwinden droht, sobald man es betritt.

Doch dem ist nicht so. Tatsächlich hat der Vatikan zwei Daseinsformen – eine reale, in der hiesigen Welt verankerte, und eine irreale, jenseitige, auf einer Metaebene fußende. Ein ideales Kon-

strukt, das Risse bekommt, wenn es im realen Alltag bestehen muss. Dass dieser Alltag auch von fast überirdisch schön anmutenden Bauten und Kunstwerken geprägt wird, macht die Verwirrung erst komplett und erklärt die Anziehungskraft des Vatikans: Allein die Vatikanischen Museen zählen jährlich rund fünfeinhalb Millionen Besucher.

WISSENSCHAFT UND GLAUBE

Vor seiner Zeit als Papst war der heute emeritierte Pontifex Joseph Ratzinger Chef der Glaubenskongregation, deren vornehmste Aufgabe der „Schutz der Kirche vor abweichenden Glaubensvorstellungen" ist. Das klingt freundlicher, als es wohl ist, denkt man etwa an den berühmten Fall des Galileo Galilei. Der 1564 in Pisa geborene Mathematiker, Physiker und Philosoph hatte „behauptet", die Erde kreise um die Sonne, nicht umgekehrt. Daraufhin wurde ihm von der Inquisition als der Vorläuferbehörde der heutigen Glaubenskongregation der Prozess gemacht. 1633 musste Galileo seinem „Irrtum" abschwören, um dem Scheiterhaufen zu entgehen. Erst 1992, mehr als 300 Jahre später, verkündete Papst Johannes Paul II., die Kirche habe sich geirrt. 2008 wurde dann ein lebensgroßer Marmor-Galilei in den Vatikanischen Gärten aufgestellt, die übrigens mehr als die Hälfte der Gesamtfläche des Vatikanstaats ausmachen.

Rund 60 000 Menschen fasst der riesige Innenraum des Petersdoms. Im Kuppelraum, genau über dem mutmaßlichen Petrusgrab, steht der Papstaltar, den Bernini in den Jahren 1624 bis 1633 mit einem 29 Meter hohen Bronzebaldachin krönte.

Bernini gestaltete auch den in den Jahren 1656 bis 1667 angelegten Petersplatz mit seinem aus 284 Einzelsäulen gebildeten Kolonnadengang, auf dem die Statuen von 140 Heiligen aufgestellt sind.

Michelangelos Pietà

Special

Maria und ihr Sohn

Die Anmut des Werkes „durchdringt" auch das Panzerglas, das die Pietà heute schützt.

Zu den bedeutendsten Kunstwerken im Petersdom zählt Michelangelos Pietà. Seltsam nur: Diese Maria ist jünger als Jesus, ihr Sohn.
Das entsprach offenbar dem künstlerischen Willen. Michelangelo soll zu einem Freund gesagt haben: „Weißt du nicht, dass die keuschen Frauen sich viel länger jung erhalten als die unkeuschen?" Zudem sei die Blüte der Jugend auch deshalb glaubhaft, weil sie durch göttliche Macht bewirkt wurde, „um der Welt die Jungfräulichkeit und immerwährende Reinheit der Mutter zu bezeugen". Bei Jesus sei das Gegenteil der Fall gewesen. Da „ich zeigen wollte, dass der Sohn Gottes wahrhaft menschliche Gestalt annahm ... war es nicht notwendig, durch das Göttliche das Leibliche zurückzuhalten, sodass er jenes Alter aufweist, das er wirklich hatte."

KUNST UND KIRCHE

Eine recht fruchtbare Beziehung hat der Vatikan zu den schönen Künsten. Seit Papst Julius II. im Jahr 1506 den Grundstein zum neuen Petersdom legte, sind Vatikan und Kunstschaffende eng miteinander verbandelt. Zu welcher Blüte das führen konnte, zeigt die Sixtinische Kapelle, deren Ausmalung der Papst bei Michelangelo in Auftrag gab. Der malte keine Symbolfiguren, sondern das dralle Menschengeschlecht. Da drängt das üppige Fleisch vom Gewölbefresko, reckt sich der Arm eines Sünders aus dem Höllenpfuhl beim Jüngsten Gericht empor, windet sich die Schlange der Versuchung der sich lasziv räkelnden Eva entgegen, und schließlich springt der Funke zu Adam über.

Erst in der Neuzeit riss der Faden zwischen Kurie und Kunst. Die katholische Kirche habe die zeitgenössische Kunst bislang nicht genügend beachtet, meinte der Präsident des Päpstlichen Rats für die Kultur, Gianfranco Ravasi, auf einer Pressekonferenz und forderte „eine neue Allianz zwischen Kunst und Kirche". Wie eine solche Allianz aussehen könnte, davon konnte man einen Eindruck gewinnen, als der Vatikan 2013 erstmals einen eigenen Pavillon auf der Kunstbiennale in Venedig „bespielte". Der Beitrag des Vatikans hatte das Thema „Die

Für die sogenannten Stanzen, die päpstlichen Gemächer, schuf Raffael u. a. „Die Schule von Athen" (1510 – 1511).

Blick von der Kuppel des Petersdoms in die Vatikanischen Gärten. Manchmal soll man den Papst dort spazieren gehen sehen.

Skulpturengalerie in den Vatikanischen Museen: Die größte Kunstsammlung der Welt versammelt Schätze vom Alten Orient und der Antike bis zur Moderne, von altägyptischen und etruskischen Objekten bis zur modernen sakralen Kunst.

Die doppelläufige Spiraltreppe von Giuseppe Momo (1932) markiert das Ende einer Besichtigung der Vatikanischen Museen.

Schöpfung". Gestaltet wurde der Pavillon vom tschechischen Fotografen Josef Koudelka, dem australischen Maler Lawrence Carroll und einem Videokünstler des Mailänder Studios Azzurro.

Micol Forti, die Leiterin der zeitgenössischen Sammlung der Vatikanischen Museen, erklärte, zeitgenössische Kunst beschäftige sich nur wenig mit dieser Thematik, deshalb seien Ankäufe nach wie vor selten — wenngleich nicht undenkbar. So hätte die Kirche etwa in den 1960er-Jahren die „Kreuzigung" von Joseph Beuys erwerben können, erzählte Gianfranco Ravasi in einem Interview mit der FAZ. „Das wäre ein großes Zeichen gewesen." Doch immerhin hat Paul VI. am 23. Juni 1973 die damalige „Sammlung moderner religiöser Kunst" eröffnet. Dabei wurde in der Audienzhalle auch ein Konzert unter der Leitung von Leonard Bernstein aufgeführt.

GELD UND GOLD

Zu den Haupteinnahmequellen des Vatikans zählen seine Immobilien. Rund 10 000 Hotelbetten gehören der Kirche. Zudem macht der Vatikan gern in Gold — nicht nur was Kirchenschmuck anbelangt. Die Barren lagern in New York. Selbst in Zeiten der Weltwirtschaftskrise spendeten Gläubige zuletzt rund 65 Millionen Euro an die Kurie, in Form des sogenannten Peterspfennigs. Doch der

Vatikan ist — manchmal — auch wählerisch. Nach dem FIFA-Korruptionsskandal verzichtete er 2015 auf Spenden des südamerikanischen Fußballverbands. Im selben Jahr zeigte sich der Vatikan seinerseits generös und ließ die in seinem Pavillon auf der EXPO in Mailand eingenommenen Spenden Flüchtlingen im Nahen Osten zukommen.

Noch im Herbst 2010 hatte die italienische Staatsanwaltschaft gegen die Vatikanbank ermittelt. Deren Chef soll nämlich in Geldwäschegeschäfte verwickelt gewesen sein. Die Ermittlungen führten zur Entlassung der Führung der Vatikanbank, Millionen Euro wurden eingefroren. Auch im Zuge der Transparenzoffensive von Papst Franziskus geriet das Institut in den Fokus des Heiligen Stuhls. 2013 nahm die italienische Polizei Monsignore Nunzio Scarano fest. Der hochrangige Geistliche soll Bankkonten geplündert haben. Zwei Jahre später schloss der Vatikan mit der Republik Italien und den USA Steuerabkommen ab.

Die Finanzaufsicht des Vatikans (AIF) gehört seit dem Jahr 2013 zum Netzwerk

der „Egmont-Gruppe", in der 166 Kontrollinstitutionen weltweit den Kampf gegen Geldwäsche und Terrorfinanzierung koordinieren. Seit der Jahreswende 2016/ 2017 hilft auch ein deutscher Baron mit, die Vatikanbank sauber zu halten: Georg Freiherr von Boeselager aus München wurde in den Verwaltungsrat berufen.

So weit so gut? Als die vatikanische Finanzaufsicht im Frühjahr 2016 ihren Jahresbericht vorstellte, hieß es, im vorangegangenen Jahr seien 544 Fälle suspek-

EIN DEUTSCHER BARON HILFT MIT, DIE VATIKANBANK SAUBER ZU HALTEN.

ter Finanztransaktionen im Vatikan aufgespürt und der Transfer von mehr als acht Millionen Euro sowie rund 1,7 Millionen US-Dollar gestoppt worden. Damit war die Zahl zweifelhafter Transaktionen 2015 fast viermal so hoch gewesen wie im Jahr zuvor. Was aber nicht etwa auf einen Anstieg der Kriminalität hindeute, meinte Tommaso Di Ruzza, der Direktor der Finanzaufsicht, sondern darauf, dass das Meldesystem gestärkt worden sei. 2019 führte Papst Franziskus einer externen Revisor ein, der prüfen soll, ob die Bilanzen den internationalen Standards entsprechen.

Unsere Lieblingseisdielen

EIS, EIS, BABY!

Exotische Sorten sind out, Klassiker wie Erdbeer oder Schokolade gehen immer. Dennoch reichen Roms Eisdielen auch Geschmacksrichtungen wie Pepperoni oder Gorgonzola über die Theke. Der Handwerkerverband Confartigianato will handwerklich hergestelltes *gelato* bei der EU schützen lassen.

❶ Antica Gelateria Giolitti

Die elegante Eisdiele residiert seit 1900 in der Nähe des Parlamentssitzes Montecitorio und sieht noch fast so aus wie damals. Angefangen hat es mit einem Lädchen, das Milch aus dem Umland anbot. Heute ist der Laden berühmt und immer voll. Wie in allen großen Eisdielen bezahlt man zunächst an der Kasse am Eingang, erst dann gibt's das Eis. Berühmtester Eisbecher ist die Coppa Olimpica, ersonnen, als 1960 die Olympischen Sommerspiele in der Stadt stattfanden.

Via Uffici del Vicario 40, www.giolitti.it

❷ Kappa Due

Gründer der kleinen Eisdiele im Stadtteil San Giovanni war der Sizilianer Franco, der in den 1970er-Jahren aus Palermo nach Rom kam. Heute wird die Gelateria, die auch Süßgebäck anbietet, vom Sohn Walter geführt. Wer sich wundert, warum viele Eisdielen in Italien K2 heißen: Erstersteiger des zweithöchsten Berges der Welt, des K 2 (*Kappa Due*) – eine Art gigantischer Eisbecher –, waren zwei Italiener.

Via Britannia 49, www.facebook.com/ GelateriaK2Roma/

❸ Palazzo del Freddo Giovanni Fassi

Schon der Name verheißt Abkühlung: Palast der Kälte. Vor über 140 Jahren gründete die Familie Fassi 1880 diese römische Eisfabrik im Esquilino-Viertel – nach der Einigung Italiens eine elegante Gegend.
Den Palazzo del Freddo darf man sich nicht wie eine schnuckelige Eismanufaktur vorstellen; es ist eine kühle Bahnhofshalle für Gelati-Abhängige. An der Theke stehen Trauben von Menschen an, die 17-köpfige Belegschaft füllt Waffeln und Becher und packt Eis zum Mitnehmen in kleine Pakete.
Fassis Spezialität sind die Sanpietrini. So heißt in Rom das Kopfsteinpflaster, und so nannte Fassi sein Eiskonfekt: Zabaione-Eis, das mit dunkler Schokolade überzogen ist.

Via Principe Eugenio 65, www.gelateriafassi.com

❹ Fatamorgana

Aubergine und Basilikum sind derzeit weniger gefragt als die klassischen Sorten. aber Roms kleine Eisdielenbesitzer bleiben erfinderisch. So darf man sich auch hier auf Überraschungen freuen. Mal gibt es Schoko-Tabak-Eis, mal Gorgonzola; die Farben lassen einen tatsächlich an eine Fatamorgana denken. Ein Hinweis für Allergiker: Das Eis ist glutenfrei.

Piazza degli Zingari 5 sowie sechs weitere Verkaufsstellen, www.gelateria fatamorgana.com

⑤ Grattachecca della Sora Lella

Grattachecca ist eine römische Spezialität: Von einem großen Block aus gefrorenem Wasser wird von Hand Eisschnee ins Glas geschabt (*grattare*). Darüber kommen Fruchtsirup oder -saft und etwas Obst. Wer nun denkt: Aha, Granita, der liegt falsch. Bei der Granita wird ein Gemisch aus Wasser, Säften, Zucker gefroren und dann zerstoßen. Bei der Grattachecca vereinen sich Eisschnee und Aroma erst im Mund. Besonders lecker ist die kühle Erfrischung, die rasch verzehrt werden sollte, bei Grattachecca della Sora Lella, in einem Kiosk an der Außenmauer des Vatikans.

Via di Porta Cavalleggeri

⑥ Del Teatro

Die charmante kleine Eisdiele liegt etwas versteckt und ist doch so bekannt, dass man am Eingang erst mal eine Wartenummer ziehen muss. So hat man genügend Zeit, das reichhaltige Angebot zu studieren. Was darf es diesmal sein? Himbeer-Salbei vielleicht oder doch lieber Weiße Schokolade-Basilikum? Ein zusätzlicher Pluspunkt: Man kann zuschauen, wie das Eis im Hinterzimmer gemacht wird.

Via dei Coronari 65,
www.gelateriadelteatro.it

⑦ Cremeria Aurelia

Glutenfrei, laktosefrei, in Bioqualität, vegan – diese Eisdiele hat an alle potenziellen Eisfreunde gedacht. Um Geschmack geht es aber auch in dem winzigen Laden abseits der großen Touristenrouten. Der Umweg lohnt sich, etwa für das Schokoladeneis mit rumgetränkten Pflaumen, das Rosenblättereis oder das Eis mit Wasabi. Moment! Mit Wasabi? Ja, genau.

Via Aurelia 398 c

⑧ Tropical Ice Gelateria

Um noch eins draufzusetzen: Hier sind sogar die Eistüten glutenfrei. Reingekugelt wird dann Orangen-Schokolade-Eis, Eis mit Haselnüssen aus dem Piemont oder mit Walderdbeeren. Genau die richtige Unterbrechung, wenn man auf der langen, geraden Via Nomentana genug hat vom Shopping.

Via Nomentana 115

⑨ Fiocco di neve

„Schneeflocke" heißt diese Gelateria ins Deutsche übersetzt. Das Besondere ist ein Hinweis am Eingang, den es auch bei einigen anderen Eisdielen gibt: *gelato sospeso*. Eine Aktion, die als *caffè sospeso* nach dem Zweiten Weltkrieg in Neapel begann. Nach dem Motto „Nimm eins, zahl zwei", bezahlt der Kunde zwei Eis: eines für sich und das zweite für ein unbekanntes Kind. Gelebte, unkomplizierte Hilfsbereitschaft, bei der es um Lebensnotwendiges geht: ein Lächeln.

Via del Pantheon 51

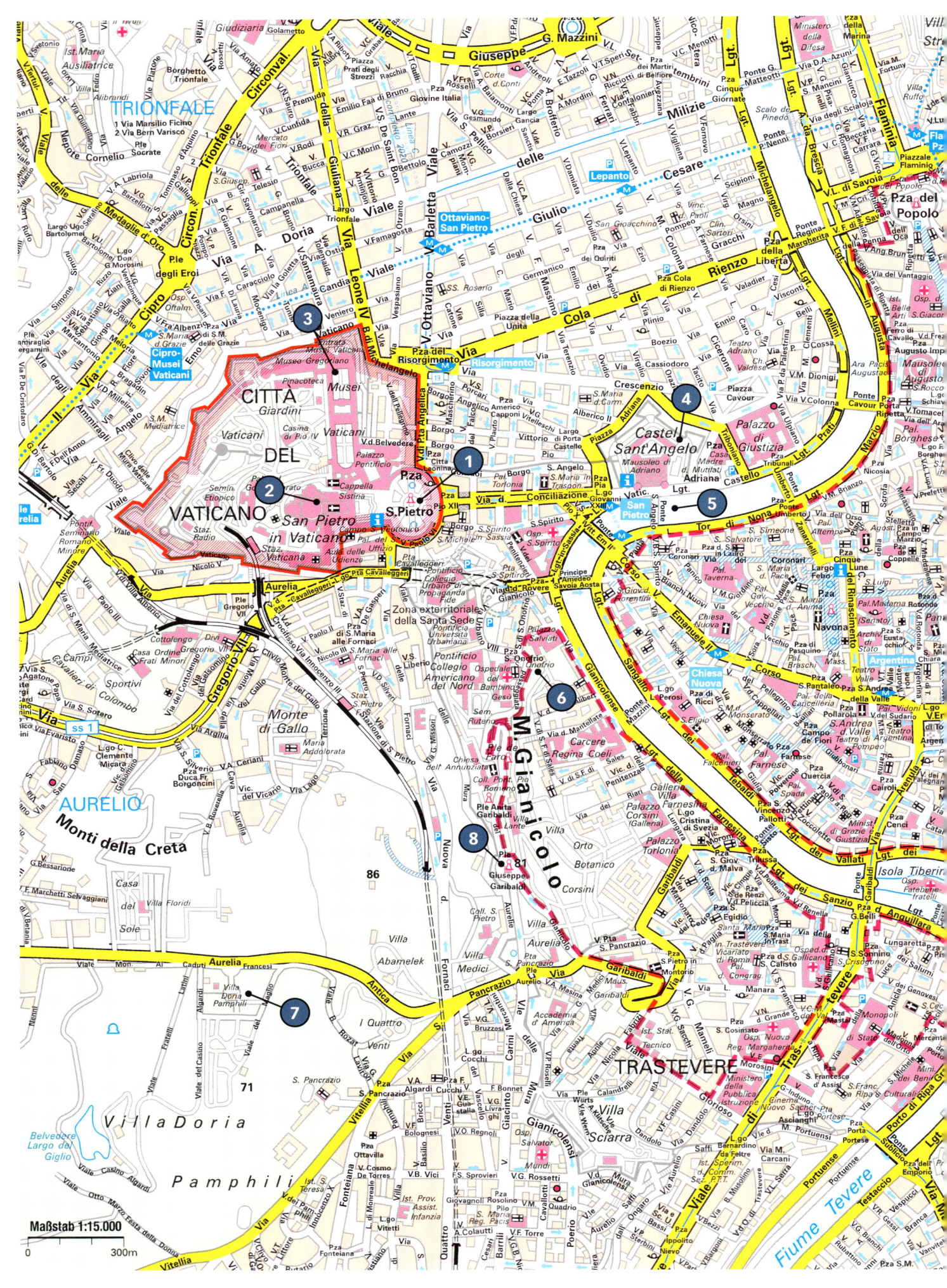

URBI ET ORBI — ET IMPERA

Bis zum Jahr 1870 war der Kirchenstaat ein selbstständiges Territorium des Papstes. Danach wurden die päpstlichen Besitztümer vom frisch vereinigten Königreich Italien okkupiert. Erst mit den 1929 unterzeichneten Lateranverträgen kam es zur Aussöhnung von Kirche und Staat. Der Papst wurde zum „Souverän des Staates der Vatikanstadt" und die Città del Vaticano zum unabhängigen Vatikanstaat.

➊ Piazza San Pietro

Bühne frei für einen der eindrucksvollsten Plätze der Welt: Architektur der Superlative, im 17. Jh. von Bernini geschaffen.

SEHENSWERT

Die **Piazza San Pietro** TOPZIEL ist zweigeteilt in eine 340 m lange, bis zu 240 m breite Ellipse und einen trapezförmigen Teil (Piazza Retta), der zur Kirche hin ansteigt. Bernini fasste das Oval mit vierfachen halbkreisförmigen **Kolonnaden** aus 284 Säulen und 88 Pfeilern ein, auf deren Balustrade 140 Heiligenfiguren stehen. Zwei prächtige, 14 m hohe Brunnen lassen das Wasser in Granitschalen rauschen. Im Pflaster neben den Brunnen links und rechts markieren zwei Metallscheiben die Brennpunkte der Ellipse: Stellt man sich dorthin, erscheinen je vier Säulen der Kolonnadenreihen als eine. Den ägyptischen Obelisken ließ Caligula im Jahr 37 nach Rom schaffen. Am südlichen Rand des Platzes liegt das Postamt; Postkarten mit vatikanischen Briefmarken können nur in Vatikanstadt aufgegeben werden, nicht in Rom. Richtung Tiber ließ Mussolini eine Schneise in die Altstadt hauen, die **Via della Conciliazione**, ein bauliches Symbol der Lateranverträge.

➋ San Pietro in Vaticano

Die berühmteste Kirche der Christenheit, **San Pietro in Vaticano** TOPZIEL (tgl. 7.00–18.30, April–Sept. bis 19.00 Uhr; lange Wartezeiten, am besten frühmorgens kommen!), wegen ihrer Größe und Bedeutung im deutschsprachigen Raum meist Petersdom genannt, ist dem Apostel Petrus gewidmet. Bereits in den Jahren 315 bis 349, unter Kaiser Konstantin, entstand über dem mutmaßlichen Apostelgrab eine erste Peterskirche. Während des Exils der Päpste in Avignon (1309–1417) verfiel sie; im 15. Jh. wurde der ab 1506 intensiv vorangetriebene Neubau beschlossen. Der erste Entwurf stammte von Bramante, im Jahr 1547 übernahm dann Michelangelo die Bauleitung. Auf den damals 72-Jährigen geht vor allem die Kuppel zurück, deren Tambour noch vor seinem Tod (1564) fertiggestellt wurde. An der Ausgestaltung waren neben den Architekten Bramante und Sangallo

Das Dach des Petersdoms kann man besichtigen. Immer am Platz: die Schweizer Garde, deren Sollstärke von Papst Franziskus auf 135 erhöht wurde. Darunter: Architektur der Superlative – der Petersplatz.

als Maler Michelangelo und Raffael sowie als Bildhauer Bernini und Maderno beteiligt.

SEHENSWERT

Von der auch Mittelloggia genannten **Benediktionsloggia** in der knapp 45 m hohen, 115 m breiten Fassade des Petersdoms wird nach der Papstwahl der Name des jeweiligen Nachfolgers auf dem Stuhle Petri verkündet. Von dort spendet der Papst auch den Segen urbi et orbi („der Stadt und dem Erdkreis"). In der Vorhalle stehen Berninis Reiterstandbilder Karls des Großen und Konstantins. Rechts liegt der Eingang zur **Porta Sancta**, die nur im Heiligen Jahr geöffnet wird (in der Regel alle 25 Jahre, das nächste Mal 2025; aus besonderem Anlass riefen einige Päpste dazwischen außerordentliche Heilige Jahre aus, wie zuletzt Papst Franziskus vom 8. Dez. 2015 bis 20. November 2016). Im Innern kann man in der ersten Seitenkapelle

des rechten Seitenschiffs Michelangelos **Pietà** (1499) bewundern. An der Bronzestatue des Apostels Petrus (13. Jh.) haben Gläubige mit ihren Küssen und Berührungen den rechten Fuß blank gewetzt. Das **Petrusgrab** unter der Confessio mit 95 vergoldeten Öllampen ist Mittelpunkt der Kirche. Darüber erhebt sich der **Papstaltar** mit Berninis 29 m hohem Bronzebaldachin (1624–1633). Bernini schuf auch die **Cathedra Petri** (1666) in der Apsis; der Bronzethron umschließt einen Holzsitz, auf dem Petrus gesessen haben soll. Links vor dem Hauptaltar befindet sich die Schatzkammer, **Museo del Tesoro**, rechts gelangt man zu den **Grotte Vaticane** mit den Gräbern zahlreicher Päpste (be de Eingang Piazza San Pietro, www.basilica sar pietro.va; April–Sept. tgl. 7.00–18.00, Okt. bis März bis 17.00 Uhr).
Michelangelos **Kuppel** ziert in 2 m hohen Lettern ein lateinisches Zitat aus dem Matthäus-

Blick vom Dach des Petersdoms auf die Vatikanischen Gärten und Museen; biblische Bilderwelt der Sixtinischen Kapelle

Evangelium: „Du bist Petrus, und auf diesen Felsen werde ich meine Kirche bauen, und dir gebe ich die Schlüssel zum Himmelreich." Es empfiehlt sich, die Kuppel zu erklimmen (330 Stufen; ab 8.00 Uhr), am besten frühmorgens, wenn noch keine Menschenschlangen warten.

Der Friedhof **Camposanto Teutonico** südl. der Kirche war im Mittelalter die letzte Ruhestätte für in Rom verstorbene Deutsche (Zutritt nach Vorzeigen des deutschen Personalausweises bei der Schweizergarde).

UNTERKUNFT

Im **€ € Al Ponte Del Papa B & B** (Via Aurelia 62, Tel. 06 60 65 82 31) wohnt man ganz nah beim Vatikan. Die Zimmer sind gemütlich; das Frühstück wird auf einer kleinen Sonnenterrasse serviert.

❸ Musei Vaticani

Schon die Renaissancepäpste interessierten sich für antike Kunst und sammelten diese genauso wie zeitgenössische Werke.

SEHENSWERT

Nicht mal ein ganzer Tag würde für die Besichtigung des gesamten Komplexes der **Musei Vaticani** TOPZIEL ausreichen; man sollte sich auf einige Highlights konzentrieren, um nicht an Reizüberflutung zu ermatten (Eingang zu allen Museen: Viale Vaticano; Mo.–Sa. 8.00 bis 19.00, letzter Einlass 17.00 Uhr; jeden letzten So. im Monat 9.00–14.00 Uhr; freier Eintritt, Karten müssen jedoch online reserviert werden: https://tickets.museivaticani.va/home/calendar/visit/Biglietti-Musei). Hier eine kleine Auswahl zur ersten Orientierung: Das **Museo Pio Clementino** zeigt antike Skulpturen; Höhepunkte sind die Laokoon-Gruppe und der Apoll von Belvedere. Das **Museo Gregoriano Egizio** präsentiert Kunst aus Ägypten, das **Museo Gregoriano Etrusco** eine Sammlung etruskischer Kunst aus den Grabanlagen. Hübsch ist die **Galleria delle Carte Geografiche** aus dem 16. Jh. mit riesigen Panoramakarten. Man durchwandert sie auf dem Weg zu den im Jahr 2000 renovierten Stanzen des Raffael, den einstigen Privatgemächern von Papst Julius II.,

der den damals erst 25-jährigen Raffael 1508 mit der Dekoration beauftragte. Die **Collezione d'Arte Religiosa Moderna** umfasst eine Sammlung moderner Kunst; die **Biblioteca Apostolica Vaticana** birgt eine der wertvollsten Sammlungen alter Handschriften und Inkunabeln. In der **Pinacoteca** sind u. a. Werke von Raffael, Leonardo da Vinci und Tizian zu sehen. Absolutes Highlight jeder Besichtigung ist die 1475 unter Sixtus IV. erbaute **Cappella Sistina**, in der das Konklave zur Papstwahl stattfindet. In den Fresken kulminiert die Kunst der Renaissance in Vollendung. Die Seitenwände wurden von Botticelli, Perugino, Signorelli und Pinturicchio gestaltet. Das Deckenfresko und die Darstellung des Jüngsten Gerichts an der Altarwand stammen von Michelangelo.

❹ – ❺ Borgo und Prati

Vom Vatikan bis zur Engelsburg erstreckt sich der Stadtteil Borgo; nördlich der Engelsburg schließt sich auf dem Gelände der einstigen Prati del Castello („Burgwiesen") der nach ihnen benannte Stadtteil Prati an.

SEHENSWERT

Die Engelsburg ❹ **Castel Sant'Angelo** am Tiberufer ließ Kaiser Hadrian in den letzten Jahren seiner Regentschaft (117–138) als Mausoleum für sich und seine Nachfolger errichten; vollendet wurde es im Jahr 193 unter Kaiser Septimius. Zwei Jahrhunderte später wurde es zur Festung umgebaut. Nach einer Vision Papst Gregors im Jahr 590, dem ein Engel auf der Burg erschienen sein soll, bekam es den Namen Engelsburg. In gefährlichen Zeiten flüchteten die Päpste durch den **Passetto di Borgo** – einen bis heute bestehenden, den Vatikan mit der Engelsburg verbindenden Fluchtweg – hierher. Heute ist die Engelsburg ein Museum, auch das **Mausoleum** kann besichtigt werden (Lungotevere Castello 50, www.castel-sant-angelo-ticket.com; tgl. 9.00–19.30 Uhr, Eintritt 14 €, Führungen, Zugang Passetto nur zu bestimmten Terminen mit Führung). Besonders hübsch: der nächtliche Spaziergang von der erleuchteten Engelsburg aus. Der trutzige Bau wurde auch als Kerker genutzt; hier fanden die Prozesse gegen die (schließlich

wegen Vatermordes vor der Engelsburg enthauptete) Beatrice Cenci und gegen den der Ketzerei beschuldigten, am Campo de' Fiori auf dem Scheiterhaufen verbrannten Philosophen Giordano Bruno statt.

Die im Jahr 134 eingeweihte Engelsbrücke ❺ **Ponte Sant'Angelo** geht ebenfalls auf Kaiser Hadrian zurück, nach dem sie ursprünglich auch benannt war. Aus der Entstehungszeit sind noch die drei mittleren Arkaden erhalten. Ihren heutigen Namen erhielt die Brücke erst im 17. Jh., nachdem sie von Bernini und seinen Schülern mit zehn Engelsfiguren geschmückt wurde. Nur zwei dieser Skulpturen, den Engel mit dem Kreuzestitel und den mit der Dornenkrone, schuf Bernini selbst. Auf der Brücke sind die beiden nur noch als Kopien zu besichtigen – die Originale stehen in der Kirche **Sant' Andrea delle Fratte**.

SHOPPING

Netten Krimskrams gibt es bei **La Contea del Look** (Borgo Pio 31); große Namen wie Gucci und Max Mara findet man in der Shoppingstraße **Via Cola di Rienzo**.

 Tipp

Caravaggio

„Nach ihm konnte die Malerei nicht mehr sein wie zuvor"; so beschrieb der italienische Kunsthistoriker Giuliano Briganti die Ausnahmestellung von Michelangelo Merisi (1571–1610), der nach seinem bei Bergamo gelegenen Geburtsort Caravaggio genannt wird. Caravaggios Kunst der dramatischen Lichteffekte – die für ihn so typische Chiaroscuro-, also „Hell-Dunkel"-Malerei – und der ihm ebenfalls ganz eigene vitale Realismus sind in Rom an vielen Orten zu bewundern: in den Kirchen Sant'Agostino, Santa Maria del Popolo, San Luigi dei Francesi (Abb.), in der Galleria Borghese, den Musei Capitolini, der Galleria Nazionale d'Arte Antica und der Pinacoteca Musei Vaticani.

Kunstführungen auf den Spuren von Caravaggio: www.romaculta.it

RESTAURANTS

Kunstgalerie, Kochstudio und schickes Design-restaurant zugleich ist das € **ZIG** (Via Cola di Rienzo 263, Tel. 06 3 21 23 42, https://zigroma.it; Di.–So. 10.00–23.00 Uhr; Pasta ab 10 €).
Ein großes vegetarisches Angebot kennzeich-net das € € **Ristorante BorgoPio92** (Borgo Pio 92, Tel. 06 6 87 72 90; tgl. bis 22.30 Uhr).
Pizza und Fisch gibt es in der € € **Trattoria Sora Franca** (Borgo Pio 127, Tel. 06 68 30 75 51; tgl. 10.00–14.00 Uhr, Jan. geschl.; Pizza ab 6 €).
Etwas moderner im Ambiente zeigt sich das € € **Il Pozzetto** (Borgo Pio 167, Tel. 06 68 69 43 31, www.ilpozzettoristorante.it; Pasta ab 10 €).
Dolci und Pizza oder gefüllte Piadini, auch zum Mitnehmen, gibt es bei € € **Forno Feliziani** (Via Candia 61).
Im € € **Passetto di Borgo** (Borgo Pio 60, Tel. 06 68 80 39 57, www.alpassettodiborgo.it; Di. geschl.; Spaghetti Vongole 9 €) sitzt am Neben-tisch der Priester aus Brasilien mit dem Mon-signore aus Kalabrien.

UNTERKUNFT

Hinter einer grünen, von Reben umrankten Fassade verborgen liegt das € € € € **Hotel Raphael** (Largo Febo 2, Tel. 06 68 28 31, www.biohotelraphael.com). Das Traditionshaus ver-fügt über zwei moderne Executive-Etagen, gestaltet vom amerikanischen Architekten Richard Meier. Von der Dachterrasse des Re-staurants genießt man einen herrlichen Rund-blick über die Stadt.
Zwischen Vatikan und Engelsburg liegt das Hotel € € € **Atlante Star** (Via Vitelleschi 34, Tel. 06 6 87 32 33, www.atlantestarhotel.com) mit herrschaftlich plüschigen Zimmern. Im fei-nen Panorama-Dachrestaurant speist man auf Augenhöhe mit der Kuppel des Petersdoms.
Frisch renoviert im Designerstil lockt das € € **Hotel della Conciliazione** (Borgo Pio 164, Tel. 06 6 87 54 00, www.hotelconciliazione.it).

6 – 8 Gianicolo

Der Gianicolo (s. a. S. 20) beschert grandiose Blicke über die Stadt. Ein Spaziergang führt vom Vatikan aus auf den Hügel; man beginnt an der Piazza delle Rovere und folgt dem Trep-penweg Salita S. Onofrio.

SEHENSWERT

Im 6 **Kloster Sant'Onofrio** aus dem 15. Jh. mit schönem Kreuzgang (9.00–18.30 Uhr) ver-brachte der Dichter Torquato Tasso die letzten Jahre seines Lebens; er starb am 25. April 1595 und wurde hier begraben. Den Spaziergang im Grünen kann man westlich des Gianicolo in der 7 **Villa Doria Pamphilj** (s. a. S. 20) aus-dehnen, mit rund 9 km² der größte Park Roms. Auch von Trastevere führt ein etwa halbstündi-ger Spaziergang auf den Gianicolo. Über die von der Porta San Pancrazio ausgehende Straße und die Passeggiata del Gianicolo ge-langt man, begleitet von den Marmorbüsten italienischer Patrioten, zur 8 **Piazzale Gari-baldi** samt Reiterstandbild des italienischen Freiheitshelden.

RADELN IN ROM

Italien fährt Rad. Das jedenfalls ist die Idee. Natürlich sind Italiener – Männer vor allem – immer schon Rad gefahren. Am Wochenende, auf federleichten Rädern, in neonbunten Trikots, als wären sie alle Teilnehmer des Giro d'Italia. Aber mit dem Fahrrad im Alltag unterwegs sein, gar zur Arbeit damit fahren und die ge-liebte *macchina*, das Auto, stehen lassen – eher nicht.

Dabei ächzen die italienischen Innenstädte, allen voran Rom, unter der Verkehrslast. Damit sich das ändert, hat Italien 2020 tatsächlich eine Fahrradprämie ausgerufen. Menschen, die in Großstädten leben, sollen bis zu 500 Euro beim Kauf eines Fahrrads erstattet bekommen. *Buono mobilità* (zu Deutsch etwa „Mobilitätsgutschein") nennt sich das Programm, an dem sich andere Länder durchaus ein Beispiel nehmen könnten. Es soll zu einer „alternativen Mobilität" in den Städten und urbanen Bal-lungsräumen beitragen.

Mit dem Rad zu Roms schönsten Sehenswürdigkeiten

Sieben Hügel hemmen die Tretlust, klar. Aber davon abgese-hen eignet sich Rom gut zum Radfahren. Um sich die Stadt sicher mit dem Fahrrad anzusehen, haben Veranstalter wie Baja-Bikes ungefährliche Wege zu Touren zusammengestellt. So kann man etwa Highlights wie Kolosseum und Spanische Treppe, Trevi-Brunnen und das Mausoleum von Augustus, die Piazza Navona und das Jüdische Getto abklappern. Wer auf eigene Faust fahren will, für den eignet sich der Radweg am Tiber-Ufer sehr gut.

Baja-Bikes: www.bajabikes.eu/de/stactfuhrung-rom/
Preise: ab 32,50 €; E-Bikes 15 € Aufschlag (bei der Buchung angeben)
Dauer: 3 Std. für Rom-Highlights; es gibt auch andere Touren, z. B. zur Via Appia Antica.
Reservierung ist Pflicht. Man bucht online und bezahlt vor Ort. Bei schlechtem Wetter kann man die Buchung ändern oder erhält einen Regenponcho.
Service: Es gibt auch Helme, Kinderräder, Kindersitze. Wer möchte, kann das Rad nach der Tour noch für den Rest des Tages mieten. Die Guides sprechen Deutsch.

23. 01
2011

Im Osten und im Norden

*

VERBLASSTE MYTHEN UND MODERNE KUNST

*

Im Osten geht die Sonne auf.
Hier kommen die Besucher an,
die mit dem Zug in die „Ewige
Stadt" reisen. Im Norden bleiben
die Römer weitgehend unter sich.
Man erholt sich im Park der
Villa Borghese und erfreut sich,
noch etwas weiter nördlich,
an moderner Architektur.

Das Museo nazionale delle arti del XXI secolo (MAXXI) birgt
zeitgenössische Kunst in einem von Zaha Hadid entworfenen
Glaspalast mit Schrägen, Rampen und Kurven im Innern.

Fontana di Trevi: Einmal im Leben möchte man hier gewesen sein. Mindestens.
Dann ein paar Münzen hineinwerfen und – wiederkommen.

An der Piazza della Repubblica: Einst errichteten die Römer hier einen Tempel,
der den kapitolinischen Göttern Jupiter, Juno und Minerva geweiht war.

In der Via Daniele Manin, nordwestlich des Hauptbahnhofs: Eine Stadtbesichtigung mit der Straßenbahn ist spannender als die meisten „Citytouren".

Der Palazzo Massimo alle Terme, nordwestlich des Hauptbahnhofs, birgt eine Abteilung des Museo Nazionale Romano.

Das Viertel rund um den ursprünglich 1867 eröffneten Hauptbahnhof unterscheidet sich vom Rest der Stadt. Hier winden sich keine Gassen im Häusermeer, sondern im Eifer der italienischen Einigung erbaute Prachtstraßen wie die Via XX Settembre oder die Via Nazionale schlagen Schneisen durch Rom. Repräsentative Plätze wie die Piazza della Repubblica, mehrstöckige Wohnblocks und Palazzi im historisierenden Stil zeugen von gewachsenem Selbstbewusstsein. Wer von der Piazza della Repubblica zur Fontana di Trevi spaziert, der staunt über die Wandlungsfähigkeit der Ewigen Stadt.

ROMA TERMINI: EIN UFO IM HÄUSERMEER

Der heutige Bahnhof Roma Termini ist ein erst nach dem Zweiten Weltkrieg fertiggestellter Neubau. Damals ein Hingucker – ein Ufo im antiken Trümmer-Rom –, ergraute das Weiß mit den Jahren. Doch zum Heiligen Jahr 2000 renoviert und modernisiert sowie mit einem unterirdischen Einkaufszentrum, dem Forum Termini, ausgestattet, verlor die Station ihr Schmuddelimage weitgehend und zeigt sich nun großzügig wie ein Flughafenterminal.

Trotz – oder wegen – seiner Nähe zum Bahnhof konnte sich zumindest das zwischen Via Cavour und Via Nazionale eingeklemmte, in den letzten Jahren vielerorts sanierte Monti-Viertel noch einiges von seinem alten Charme erhalten. Zwar gleichen sich viele der neueren Boutiquen dem international austauschbaren Stil an, wie man ihn in Manhattan oder Berlin-Mitte finden kann, aber hübsche Winkel gibt es noch immer, in denen neben dem jungen Traveller die Nachbarin auf den Stufen des Brunnens sitzt und Zeitung liest.

DAS GRÜNE ROM

Wem nach Natur zumute ist, der steigt im Norden die barocke Salita del Pincio zur Villa Borghese hinauf. In dieser historischen Parkanlage fahren keine Autos, aber es patrouilliert berittene Polizei und

Piazza del Popolo: An der Südseite des Platzes erheben sich die beiden im 17. Jahrhundert entstandenen, den Eingang zur Via del Corso flankierenden „Zwillingskirchen" Santa Maria in Montesanto (links) und Santa Maria dei Miracoli.

Villa Medici: Die Gartenfassade des Mitte des 16. Jahrhunderts von Annibale Lippi im Stil römischer Landsitze errichteten Anwesens ist reich dekoriert mit bedeutenden antiken Fundstücken. Heute wohnen und arbeiten hier französische Künstler und Musiker – Stipendiaten der Acadèmie de France à Rome.

Im Café Canova muss man den Blick auf die Piazza del Popolo teuer bezahlen. Drinnen an der Theke gibt's zwar keine Aussicht, dafür ist der Kaffee dort wesentlich günstiger.

Anita Ekberg

Special

„Die einzige wahre Liebe"

Die Filmszene aus dem Jahr 1960, in der die junge Schwedin Anita Ekberg samt ihrer großzügigen Kurven in den ebenso barocken Trevibrunnen steigt, ist legendär. Da vergaß offenbar selbst ein Marcello Mastroianni sein schauspielerisches Können.

„Er ist dreimal ins Wasser gefallen, und wir mussten von vorn anfangen", erinnerte sich die 2015 verstorbene Schauspielerin in einem Interview für die italienische Tageszeitung La Repubblica an die Dreharbeiten. „Ein Albtraum." Gedreht wurde im Januar, es war kalt, sie zitterte. Man zwang sie, Cognac zu trinken, um weiter drehen zu können. Vielleicht hatte „die" Ekberg deshalb in der Filmszene diesen somnambulen Gesichtsausdruck, der die Männer entzückte – nicht nur am Set. Auch Gianni Agnelli war darunter, den Anita Ekberg als „die einzige wahre Liebe meines bitteren Dolce Vita" bezeichnete. Drei Jahre lang habe sie mit dem verheirateten

Klassiker der Filmgeschichte: „La Dolce Vita"

Fiat-Eigner eine Affäre gehabt. Fellini immerhin sei vielleicht der beste Regisseur gewesen, meinte sie, mit dem sie jemals gearbeitet habe. „La Dolce Vita" sei für sie die Geschichte einer verlorenen Generation, eines vergangenen Italien. Damals habe es diese Lust, diesen unbedingten Willen gegeben, zu leben, Leute kennenzulernen, zu kommunizieren. Die Freiheit, zu träumen.

es gondeln Touristen auf ihren Leihrädern durch die Alleen. Es tut gut, sich hier im Schatten auf einer Bank niederzulassen, aber die reinste Idylle ist es auch nicht mehr. Immerhin liegt der bereits im 17. Jahrhundert angelegte Park heute inmitten der größten urbanen Ansiedlung des Landes. Es gibt Vandalismus, Marmorbüsten liegen am Boden, Rasenflächen sind verwüstet.

„Italia Nostra" hat zum Glück nichts mit der sizilianischen Cosa Nostra zu tun – es handelt sich um eine vor über 60 Jahren in Rom gegründete Non-Profit-Organisation, die von der Regierung fordert, die grünen Lungen der Stadt zu schützen. Da gibt es noch viel zu tun, in der Villa Borghese ebenso wie in der weiter nordöstlich gelegenen Villa Ada oder in der südwestlich vom Vatikan zu findenden sanfthügeligen Villa Pamphilj.

VERGANGENE ZEITEN: VIA VENETO

Der schönste Zugang zur Villa Borghese führt über die geschwungene Via Veneto, eine Prachtstraße mit Jugendstilbauten, edlen Hotels und einst berühmten Cafés. Was waren das noch für Zeiten, als sich das Süße Leben hauptsächlich auf der Via Veneto abspielte. In Fellinis 1960 in die Kinos gekommenem Filmklassiker war sie übrigens eine Kulisse: Weil am realen Ort nur nachts gedreht werden

Kunst am Bau – Kunst im Bau: Das italienische Nationalmuseum für Kunst des 21. Jahrhunderts wurde von Zaha Hadid entworfen, deren Entwurf sich in einem international …

Errichtet wurde das Museum auf einem ehemaligen Militärgelände.

… ausgeschriebenen Architekturwettbewerb gegen 273 andere Teilnehmer durchsetzen konnte. Zur Sammlung von „MAXXI art" gehören mehr als 300 Werke von Anish Kapoor, Mario Merz, Gerhard Richter und vielen anderen. „MAXXI architecture" zeigt Arbeiten namhafter Architekten.

Alle Wege führen – zur Kunst. In diesem Fall zur Kunst des 21. Jahrhunderts.

DEN SPEKTAKULÄRSTEN NEUBAU ROMS SCHUF ZAHA HADID (1950—2016), EINE BRITISCHE ARCHITEKTIN IRAKISCHER HERKUNFT.

durfte, ließ der Regisseur die Straße in der Cinecittà nachbauen, was dem Mythos jedoch keinen Abbruch tat. Heute ist dieser Mythos weitgehend verblasst und die Via Veneto vor allem teuer. Für Pasta mit Tomaten aus Amalfi legt man da schon mal dreißig Euro hin.

KUNST UND ARCHITEKTUR IN XXL

Mit dem „Museo nazionale delle arti del XXI secolo" (MAXXI) bekam Rom endlich ein Museum für zeitgenössische Kunst. Eines, das selbst ein Kunstwerk ist und die Stadt auch architektonisch bereichert. Den spektakulären Neubau schuf Zaha Hadid, die 2016 verstorbene britische Architektin irakischer Herkunft. Sie entwarf eine begehbare Skulptur mit Treppenaufgängen wie vom Niederländer M. C. Escher ersonnen: verwirrend, aber leicht und schwebend zugleich.

Nach sechsjähriger Bauzeit wurde das Museum am 14. und 15. November 2009 mit einer Performance der Choreografin Sasha Waltz eingeweiht; als Stipendiatin der Villa Massimo hatte die Deutsche zuvor die Baufortschritte vor Ort verfolgen können. Für den Ausstellungsbetrieb eröffnet wurde das Museum am 28. Mai 2010; gleich im darauffolgenden Oktober bekam es den Stirling Prize, die renommierte Architekturauszeichnung des Royal Institute of British Architects. Zudem erwies sich das MAXXI erfreulich schnell als Publikumsmagnet, mit jährlich rund 300 000 auf das Haus wie auf die ausgestellte Kunst neugierigen Besuchern. Das macht doch einige Hoffnung darauf, dass in Zukunft auch in Rom Architekturprojekte der Moderne zu modernen Objekten architektonischer Begierde werden können.

ROSTENDE ARCHITEKTURDENKMÄLER

Das weiß leuchtende MAXXI mit seinen sanft geschwungenen Formen steht zwar glänzend, aber als neuzeitliches Novum nicht ganz allein da. Nur wenige Straßen weiter baute Renzo Piano sein zunächst schlicht „Auditorium Parco della Musica" genanntes Kulturzentrum, das 2020 zu Ehren des in diesem Jahr verstorbenen Komponisten in „Ennio Morricone Auditorium" umbenannt wurde. Auf halbem Weg dorthin rostet ein Architekturdenkmal aus den 1950er-Jahren vor sich hin: Pier Luigi Nervis Palazzetto dello Sport („Sportpalästchen"). Dem italienischen Bauingenieur (1891–1979), der auch das Pirelli-Hochhaus in Mailand und die päpstliche Audienzhalle im Vatikan entworfen hat, war eine der ersten Ausstellungen im MAXXI gewidmet. So schließt sich auch hier ein Kreis.

Migranten

»DIE GANZE WELT IN EINEM ZIMMER«

Wie sich die Bilder gleichen: Vor hundert Jahren feierten in New York City oder Buenos Aires lebende Italiener Hochzeiten und andere Feste unter sich. Nicht anders als heute Bengalen, Chinesen oder Araber in Rom.

In der Via Principe Amedeo hört man alle Sprachen der Welt – aber nicht wegen der Touristen.

Räume schaffen, in denen Kinder Geburtstag feiern können: Das war eine der ersten Aktionen, die von den Eltern des Istituto Comprensivo Manin angepackt wurden. Die Schule liegt im Herzen von Esquilino, dem Viertel mit dem höchsten Ausländeranteil in Rom. Räume zum Feiern? „Ja", sagt Massimo Mattei, einer der Väter, „das war wichtig für die Integration. Die italienischen Kinder luden ihre Schulfreunde nach Hause ein, aber die Bengalen, Chinesen und Araber wohnen oft so beengt, dass sie zu Hause nicht feiern konnten. Seit wir die Räume geschaffen haben, verbringen Kinder verschiedener Nationalitäten mehr Zeit miteinander."

Wobei das mit den Nationalitäten so eine Sache ist. Wie in Deutschland gilt auch in Italien in puncto Staatsangehörigkeit das Abstammungsprinzip – anders als etwa in vielen angelsächsischen Ländern, in denen der Geburtsort die Staatsangehörigkeit vorgibt. Mattei findet es absurd, dass seine hier geborenen Söhne einen deutschen Pass haben, nur weil ihre Großmutter aus Köln ist. So liest man in Rom auf vielen Plakaten den Satz: *Italiano chi nasce in Italia* („Italiener

ist, wer in Italien geboren ist"). Das unterstützt auch Pier Luigi Bersani, führender Politiker der sozialdemokratischen Partito Democratico (PD). Dass – und wie – Integration möglich ist, zeigt sich bei einer Schulbesichtigung im Esquilinviertel an einem ganz einfachen Beispiel: Im Keller probt gerade eine bunt gemischte Kinderband, deren Mitglieder aus Rumänien, Kolumbien, China, Eritrea, Somalia, Bulgarien und natürlich Italien kommen. „Die ganze Welt in einem Zimmer", sagt Bersani treffend.

»HALAL ITALIA«

Rund 6,5 Prozent der italienischen Bevölkerung sind regulär gemeldete Immigranten. Etwa 1,5 Millionen Mus-

lime leben in Italien. Für sie produziert „Halal Italia" nach islamischem Recht „reine" (*halal*) Bresaola, Büffel-Mozzarella oder Pasta. Etwa 20 Prozent davon sind für den italienischen Markt bestimmt, der Rest geht ins Ausland, auch nach Deutschland.

Italien fährt einen restriktiven Kurs in Sachen Einwanderungspolitik. Dabei sollten doch gerade Italiener wissen, wie es sich anfühlt, wenn man die Heimat verlassen muss, weil es dort nicht mehr genug zu verdienen und zu essen gibt. Denn auch die rund 14 Millionen Italiener, die bis zum Ersten Weltkrieg emigrierten, waren in erster Linie Wirtschaftsflüchtlinge. Etwa 40 Prozent davon gingen in die USA, wo sie weiter lie-

Protestierende Müll-
männer auf der Piazza
del Campidoglio, wo auch
der Senatorenpalast steht,
das Rathaus Roms.

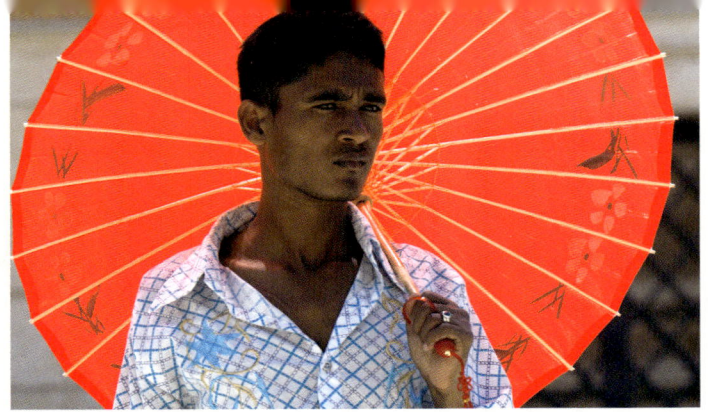

Schirmverkäufer an der Spanischen Treppe;
Markthalle an der Via Principe Amedeo im
Esquilinviertel

ber Spaghetti als Pastrami aßen und
lieber Rotwein als Whiskey tranken.

STRASSENHÄNDLER UND SAISONARBEITER

Heute riecht es in den Straßen rund
um die Piazza Vittorio Emanuele nach
chinesischer Nudelsuppe. Es gibt Fri-
seurläden für jede Ethnie. In winzigen Geschäften sitzen gelangweilte
junge Verkäuferinnen, die erstaunt
aufblicken, wenn jemand den Laden
betritt. Hier decken sich vor allem die
mobilen Verkäufer ein – Chinesin-
nen, die auf der Straße Fächer verkau-

Initiativen zur Integration

....

Istituto Comprensivo Manin, Via dell'Esquilino 31,
https://danielemanin.edu.it;
MaTeMù: Jugendzentrum und Kunstschule der Stadt Rom im
Esquilinviertel, mit kostenlosen Kreativangeboten und Sprach-
kursen für Jugendliche zwischen 10 und 25 Jahren.
Via Vittorio Amedeo II 14, www.cies.it

fen, oder Nordafrikaner, die Schirme
anbieten, wenn es regnet, und Hüte,
wenn die Sonne scheint. Ein unüber-
sichtliches Geschäft.

Auf dem Gemüsemarkt in einer
ehemaligen Kaserne ist Obst so billig
wie nirgends sonst in der Stadt. Ein
Kilo Aprikosen kostet 69 Cent. Wer
kann so billig ernten? Die Antwort:
Fast zwei Drittel der in der Landwirt-
schaft tätigen Saisonarbeiter sind
schlecht bezahlte *clandestini*, illegale
Einwanderer; in Kalabrien sind es sogar über 90 Prozent.

LANGE AUSSENGRENZE

Auch die Zahl der Flüchtlinge stieg in
den letzten Jahren stark an. Schon im
Sommer 2015 stieß Italien an die
Grenzen seiner Kapazität. Das Land,
dessen Meeresgrenze fast komplett
eine Schengen-Außengrenze darstellt,
hatte mit einer Flut zu kämpfen – der
Flut der Verzweifelten. Hunderte
campierten in Rom und Mailand am
Bahnhof. Krankheiten breiteten sich
in der Enge der Lager aus. Und was
sich auch ausbreitete, war ein wieder
aufflammender Faschismus. So kam
es im Juli des Jahres zu gewalttätigen
Protesten gegen die Unterbringung
von Geflüchteten in einer ehemaligen
Schule in Rom. Demonstranten riefen
ihnen Hassparolen und Beleidigungen
nach und bewarfen sie mit Steinen,
Stühlen und Flaschen.

2023 kamen über 115 000 Flüchtlinge, Migrantinnen und Migranten
auf dem Seeweg nach Italien. Und da
sich die Zustände in Syrien, Nord-
afrika und anderen Regionen bis
heute nicht gebessert haben, ereignen
sich weiterhin Flüchtlingsdramen mit
vielen Toten im Mittelmeer.

FEINSTES GASSENITALIENISCH

Doch es geht auch anders. Auf der
Piazza Vittorio spielen an einem
Brunnen fünf Kinder, alle etwa zehn
Jahre alt. Einer der Jungs kommt aus
Somalia, einer aus China, einer ist Italiener, dazu gesellt sich ein blondes
Kerlchen. Und alle reden miteinander
im feinsten Gassenitalienisch. Sprach-
probleme? I wo. Da die Kinder schon
als Babys in die Kinderkrippe kommen, sprechen alle die Landesspra-
che. Was sonst?

„Chinatown" im Esquilin-
viertel: Nach Rumänen,
Marokkanern und Alba-
nern bilden Chinesen die
viertstärkste Zuwanderer-
gruppe in Italien. Rund
300 000 sind es laut amt-
licher Statistik – Kinder
und Illegale nicht mitge-
zählt.

BAHNHOF UND MEHR

*Ein moderner Bahnhof, der das vereinigte Italien feiernde Platz der Republik,
ein barocker Park und drei moderne Architektur-Landmarken – auch im Norden Roms
gibt es eine ganze Menge zu entdecken.*

① – ② Um die Stazione Roma Termini

In Roms Zentralbahnhof, benannt nach den nahen Diokletiansthermen, kreuzen sich zwei der drei U-Bahn-Linien der Stadt (Metropolitana di Roma A und B).

SEHENSWERT

Erbaut wurde der Kopfbahnhof ① **Roma Termini** ursprünglich im Jahr 1867, neu konzipiert 1938; das Hauptgebäude wurde erst nach dem Krieg in lichtem, großzügigem Stil errichtet, der ganze Bahnhof im Jahr 2000 saniert und mit einem unterirdischen Einkaufszentrum versehen. Die ② **Terme di Diocleziano** beherbergen einen der vier Sitze des **Museo Nazionale Romano** (Viale Enrico De Nicola 79, Tel. 06 39 96 77 01, www.coopculture.it/it/poi/museo-nazionale-romano; Ticket gilt 3 Tage an allen Sitzen des Museums: Palazzo Massimo alle Terme, Palazzo Altemps, Terme di Diocleziano mit Aula Ottagona und Crypta Balbi). Die Thermen (Di.–So. 9.00–19.30 Uhr) wurden im 3. Jh. erbaut und boten Platz für 3000 Badegäste. Ab 1560 entstand in ihren Ruinen unter Michelangelos Leitung die Basilika **Santa Maria degli Angeli e dei Martiri**.

RESTAURANT

Das Restaurant € € **Tomoko Tudini** (Via Principe Amedeo 27, Tel. 06 4 81 75 86) von Gabriele e Tomoko gibt es schon seit 1946. Leicht gehobene Küche, Pasta ab 8 €.
Gehobene römische Küche zu bodenständigen Preisen serviert das € € **Bono Monti** (Via Cavour 63–67, Tel. 34 71 39 05 25, www.bottega nostrana.com). Beliebt sind die *panini* mit exzellenten Zutaten wie Salami aus dem Umland.

UNTERKUNFT

In Bahnhofsnähe finden sich viele Hotels, darunter durchaus empfehlenswerte. Direkt neben den Gleisen liegt das stylische € € € **Radisson Blu Roma** (Via Filippo Turati 171, www.radisson blu.com/eshotel-rome) mit großzügigen, hellen Zimmern. Hausgäste kommen in den Genuss eines großen Außenpools auf der Dachterrasse. Ein alter Gitteraufzug führt in den ersten Stock des Jugendstilgebäudes, in dem das € **Hotel Sweet Home** (Via Principe Amedeo 47, Tel. 06 4 88 09 54, www.hotelsweethome.it) untergebracht ist. Rundum neu renoviert, wird es freundlich geführt von Franco Miglietta aus

Renzo Pianos Auditorium Parco della Musica. Terme di Diocleziano: Antike Kunst im antiken Rahmen (rechts oben). Exponat im Palazzo Massimo, der wie die Thermen einen der vier Sitze des Museo Nazionale Romano beherbergt (rechts unten).

Lecce, der lange in der Schweiz gearbeitet hat. Auf der anderen Seite der Bahngleise liegt das € **Hotel Villa delle Rose** (Via Vicenza 5, Tel. 06 4 45 17 88, www.villadellerose.it) in einer Patriziervilla mit Garten, ruhig, jedoch etwas bieder möbliert.

③ – ⑥ Um die Piazza della Repubblica

Als Rom zur Hauptstadt des neuen Italien wurde, entstand dieser Platz mit den klassizistischen Häusern.

SEHENSWERT

Die **Fontana delle Naiadi** auf der ③ **Piazza della Repubblica** entwarf Mario Rutelli, der Urgroßvater des ersten grünen Bürgermeisters von Rom, Francesco Rutelli. Die ④ **Via Nazionale**, eine beliebte Einkaufsstraße, wird von schönen Stadtpalästen gesäumt. Im ⑤ **Palazzo Massimo alle Terme** (Largo di Villa Pe-

retti 1; Di.–So. 11.00–18.00 Uhr, Reservierung für Führungen: Tel. 06 48 02 01, www.coopculture.it/it/poi/museo-nazionale-romano) sind die zarten Fresken aus der Villa di Livia besonders sehenswert. Aber auch die übrigen Ausstellungsräume des zum Museo Nazionale Romano gehörenden Palastes lohnen sich.
An der Ruhm der Mailänder Scala konnte das ⑥ **Teatro dell'Opera** (Piazza Beniamino Gigli 7, Tel. 06 48 16 01, www.operaroma.it) nie heranreichen, aber ein Besuch lohnt schon wegen der hübschen Belle-Époque-Ausstattung.

RESTAURANT/KONDITOREI

Hier stehen Italiener Schlange: Im € **Er Buchetto** (Via del Viminale 2 F, Tel. 06 4 88 30 31, http://erbuchetto.wordpress.com; Mo.–Fr. 9.00–21.00, Sa. bis 14.30 Uhr), einem Schlauchlokal hinter dem Palazzo Massimo, gibt es fast ausschließlich *porchetta*, also Schweinefleisch im Brötchen. Und das seit 1890!

Den schönsten Zugang zum weiträumigen Park der Villa Borghese (oben) hat man über die Via Veneto (rechts), Prachtstraße mit Jugendstilbauten, edlen Hotels und Cafés – und Schauplatz von Fellinis Filmklassiker „La dolce vita".

Den besten Nachtisch serviert die € **Pasticceria Dagnino** (Galleria Esedra, an der Piazza della Repubblica, www.dagnino.com).

⑦ – ⑩ Rund um den Monte Quirinale

Der Quirinal gehört zu den sieben „klassischen" Hügeln Roms. Der Sage nach soll sich hier eine Siedlung der Sabiner befunden haben; später errichteten wohlhabende Römer ihre Villen auf dem 57 m hohen Hügel, der „Höhenluft" wegen.

SEHENSWERT
Lohnend ist auf dem ⑦ **Monte Quirinale** besonders der Blick über die Stadt kurz vor Sonnenuntergang. Ein Schauspiel ganz eigener Art ist die Wachablösung vor dem Quirinalspalast, dem **Palazzo del Quirinale** (www.quirinale.it; Wachablösung tgl. 15.00, So. 16.00, im Sommer 18.00 Uhr, im Aug. keine Wachablösung). 1870 musste der Heilige Stuhl den Quirinalspalast an Italiens König abgeben, seit 1948 dient er dem italienischen Staatspräsidenten als Amtssitz. Der Obelisk auf der Piazza davor kam 1786 aus dem Augustusmausoleum. Die Kirche **Sant' Andrea al Quirinale** wurde 1658–1670 nach Plänen Berninis von dessen Assistenten ausgeführt. 1817–1946 diente sie als Hofkirche des italienischen Königshauses, heute ist sie auch wegen ihrer schönen Lage bei Hochzeitspaaren beliebt. Ebenfalls auf dem Quirinal prunkt **San Carlo alle Quattro Fontane** mit einer schönen Fassade. Von den Römern auch „San Carlino" genannt, verdankt die 1638–1677 erbaute Kirche – das erste eigenständige Werk Borrominis, der zuvor für Bernini gearbeitet hatte – ihren Beinamen „alle Quattro Fontane" den vier Brunnen, die hier, an den Ecken der Kreuzung von Via Quirinale und Via delle Quattro Fontane, errichtet wurden.
Ungleich berühmter als diese vier ist der Trevibrunnen, ⑧ **Fontana di Trevi TOPZIEL**; weniger wegen seiner barocken Pracht als wegen

der einst in Fellinis Film „La dolce vita" darin badenden Schwedin Anita Ekberg. Traditionell werfen Rombesucher mit der rechten Hand über die linke Schulter eine Münze ins Wasser des 1732–1762 nach einem Entwurf von Nicola Salvi an der Rückseite des Palazzo Poli errichteten Brunnens, um „sicherzustellen", dass sie Rom noch einmal wiedersehen werden.
Die Via Vittorio Veneto wird meist nur kurz ⑨ **Via Veneto** genannt. Zwar schmücken die Straße noch immer schöne Jugendstilpaläste, in denen etwa die US-Botschaft und einige Hotels logieren, den Charme des cineastischen Dolce Vita sucht man hier allerdings inzwischen vergebens. In der in den Jahren 1626–1631 auf Betreiben von Kardinal Antonio Barberini, dem Bruder von Papst Urban VIII., nach Plänen von Antonio Casoni errichteten, bis heute zu einem Kapuzinerkloster gehörenden Kirche ⑩ **Nostra Signora della Concezione dei Cappuccini** verbirgt sich eine eigentümliche Grablege: Aus den Gebeinen von 4000 Kapuzinermönchen schufen die Mitbrüder dekorative Elemente in der Kapuzinergruft.

UNTERKUNFT
Hier könnten Fellini und Mastroianni einen *aperitivo* getrunken haben: im € € € **Regina Hotel Baglioni** (Via Veneto 72, Tel. 06 45 40 33 00, www.baglionihotels.com) mit Brunello Lounge & Restaurant sowie schnörkellosem Design.

⑪ – ⑰ Rund um die Villa Borghese

In den Jahren 1613–1616 ließ die Familie Borghese, aus der mehrere Kardinäle und Paul V. (Papst 1605–1621) stammen, in den der Familie gehörenden Weinbergen am nördlichen Stadtrand eine Villa errichten, umgeben von einem prächtigen Park mit künstlichen Seen und Gartenhäusern. Letzterer wurde bis zum Ende des 18. Jh. im Rahmen seiner Umwandlung in einen Englischen Garten zur öffentlichen Anlage.

Heute gehört dieses – nun mit dem (nicht zu den sieben „klassischen" Hügeln zählenden) Monte Pincio verbundene – Areal zu den weiträumigsten Parkanlagen der Tibermetropole (s. a. S. 20).

SEHENSWERT/MUSEEN
Auf dem Gelände findet man auch einen kleinen zoologischen Garten, den im Jahr 1911 angelegten ⑪ **Bioparco** (Viale del Giardino Zoologico 1, Tel. 06 3 60 82 11, www.bioparco.it; nur mit Reserv., tgl. 9.30–18.00, Sa., So., Fei. bis 19.00, im Winter bis 17.00 Uhr). Kinder, die weniger als 1 m groß sind, haben freien Eintritt; für sie gibt es auch einen Streichelzoo und einen Spielplatz.
Das 1613–1615 vom niederländischen Architekten Jan van Santen im östlichen Teil des Parks errichtete Casino Borghese beherbergt heute die ⑫ **Galleria Borghese TOPZIEL** (Tel. 06 8 41 39 79, https://galleriaborghese.benicul turali.it; nur mit Reserv., Besicht. im 2-Std.-Takt, Di.–So. 8.30–19.30 Uhr), eine hervorragende, auf den kunstsinnigen Kardinal Scipione Borghese zurückgehende Gemälde- und Antikensammlung. Nach der Heirat von Fürst Camillo Borghese mit Napoleons Schwester Paolina – die im Museum in einer berühmten Canova-Skulptur als Venus victrix, als siegreiche (und halbnackte) Venus, zu besichtigen ist – wurden allerdings auf Napoleons Drängen zahlreiche Kunstschätze an den Pariser Louvre verkauft.
Die sehr schön über der **Piazza di Spagna** auf dem Pincio-Hügel gelegene, im 16. Jh. auf den Überresten der antiken Villa des Lucius Licinius Lucullus errichtete ⑬ **Villa Medici** beherbergt seit 1803 die Académie de France à Rome, eine bereits 1666 gegründete Außenstelle der Pariser Kunstakademie, die bis heute Stipendiaten die Beschäftigung mit italienischen Kunstschätzen ermöglicht. Benannt ist das im Stil eines römischen Landsitzes erbaute Anwesen nach Kardinal Ferdinando I. de' Medici, der es 1576 für seine antike Sammlung erwarb (Viale Trinità dei Monti 1, Tel. 06 6 76 11, www.villa medici.it; Mi.–Mo. 10.00–18.30 Uhr).
Das ⑭ **Museo Nazionale Etrusco di Villa Giulia** (Piazzale di Villa Giulia 9, www.museo etru.it, Tel. 0 63 28 10; Di.–So. 8.30–19.30 Uhr, So. nur Führungen) zeigt Kunst der Etrusker.
In der ⑮ **Galleria Nazionale d'Arte Moderna GNAM** (Viale delle Belle Arti 131, Tel. 06 32 29 81, https://lagallerianazionale.com; Di.–So. 9.00–19.00 Uhr) wird Kunst des 19. und 20. Jh. ausgestellt.

ERLEBEN
In der **Viale della Pineta** gibt es einen Fahrradverleih für den Park; auch Inlineskates können hier ausgeliehen werden (Bici Pincio, Tel. 06 6 78 43 74, www.ecoincitta.it/ecopoint/bici pincio/).
Die ⑯ **Casa del Cinema** (Largo Marcello Mastroianni 1, Tel. 06 42 36 01, www.casadel cinema.it) gilt als modernstes Kino der Stadt. Mit Kindern lohnt sich ein Besuch des Marionettentheaters ⑰ **San Carlino** am Monte Pincio (Viale dei Bambini Villa Borghese, Tel. 32 92 96 73 28, www.sancarlino.it).

UNTERKUNFT

Das €€€€ **Hotel Eden** (Via Ludovisi 49, www.
dorchestercollection.com/en/rome/hotel-eden/)
mit Blick auf das von Pinien bewachsene Anwesen der Medicis gilt als feiner Rückzugsort
aus Roms Trubel und ist doch nah am Geschehen: nur drei Gehminuten von der Spanischen
Treppe entfernt. Im Obergeschoss befindet
sich ein Edelrestaurant mit fantastischer Aussicht über die Stadt.

18 – 24 Flaminio

Roms Verbindung in den Norden ist bereits seit
der Antike die ab dem Jahr 220 v. Chr. angelegte Konsularstraße Via Flaminia. Sie beginnt
westlich der Villa Borghese an der Piazza del
Popolo und führt mitten durch den Stadtteil
Flaminio, in dem das MAXXI der zeitgenössischen Kunst eine Heimat bietet.

SEHENSWERT/MUSEUM

Vom Stararchitekten Renzo Piano wurde das
Kulturzentrum 18 **Auditorium Parco della
Musica** (Viale Pietro De Coubertin 28, www.
auditorium.com) entworfen. Hier findet man
Konzerthallen, Theaterbühnen und Ausstel-
lungsflächen sowie die auf Architektur und
Literatur spezialisierte Buchhandlung **Note-
book** (Tel. 06 80 69 34 61, www.auditorium.com/
en/services/notebook/). Den 19 **Palazzetto
dello Sport** (Piazza Apollodoro 10) baute Pier
Luigi Nervi 1957 für die Olympischen Spiele.
Das Nationalmuseum für die Kunst des 21. Jh.
20 **MAXXI** (Via Guido Reni 4 a, Tel. 06 39 96
73 50, www.fondazionemaxxi.it; Di.–So. 11.00
bis 19.00 Uhr), geschaffen von Zaha Hadid, ist
der spektakulärste jüngere Bau Roms. Die ira-
kisch-britische Architektin schuf nur ein weite-
res Museum in Italien: das Messners Mountain
Museum Corones.
Am 21 **Ponte Milvo**, der für den Autoverkehr
gesperrten ältesten Brücke Roms, stößt die
Via Flaminia auf den Tiber. Berühmt wurde die
Milvische Brücke durch die Entscheidungs-
schlacht am 28. Oktober 312 zwischen Kaiser
Konstantin und seinem Mitkaiser Maxentius,
aus der Konstantin siegreich hervorging – an-
geblich nach einer christlichen Vision in der
Nacht davor.
Im Garten der 22 **Accademia Filarmonica
Romana** (Via Flaminia 118, Tel. 06 3 2017 52,
www.filarmonicaromana.org) finden im Sommer „Open sessions" statt, kleine Konzerte bei
freiem Eintritt. Es gibt auch ein kleines Lokal,
das sich auf die Produkte von Minibrauereien
spezialisiert hat und im Ambiente an eine an
einem Alpensee gelegene Hütte erinnert.
Von den drei Kirchen an der 23 **Piazza del Popolo** mit dem ägyptischen Obelisken lohnt vor
allem die namensgebende **Santa Maria del
Popolo** einen Besuch (geschl. bis Okt. 2024).
Im Gebäude Via del Corso 18 wohnte bei seinem Rom-Aufenthalt ab Okt. 1786 der italien-
reisende Goethe zusammen mit seinem Maler-
freund Tischbein in der heutigen 24 **Casa di
Goethe** (Tel. 06 32 65 04 12, www.casadigoethe.
it; Di.–So. 10.00–18.00 Uhr).

VEGAN, BIO, LOKAL, REGIONAL

Wer zu Hause auf Bioqualität achtet, vegetarisch oder vegan
isst, möchte sich auch im Urlaub bewusst ernähren. So gibt es
mittlerweile auch in Rom zahlreiche Restaurants, die Menüs mit
Bioprodukten anbieten. Auf vielen Speisekarten sieht man an
Gerichten ein grünes Blatt als Zeichen für vegetarische Speisen,
andere wiederum legen mehr Wert auf regionale Herkunft.

Hundert Prozent Bio – das verspricht schon der Name des
schicken 100 % BIO. Das für seinen Mittagstisch beliebte Lokal hält
am vegetarischen Buffet etwa 20 Gerichte zur Auswahl bereit. In
der Nähe der Cestius-Pyramide treffen sich hier Einheimische und
Gäste. Wer vegan lebt, sucht auch zum klassischen Gelato Alternativen – die serviert die Gelateria della Palma. Von 150 Eissorten
sind ungefähr zehn vegan, etwa Schoko-Orange, natürlich in einer
ebenfalls veganen Waffel serviert.

Das Auge isst mit: auch bei veganen Gerichten.

Wenn man isst, was aus dem Garten kommt, ist das Menü wohl
vegetarisch. *Orto* heißt auf Deutsch „Gemüsegarten", und das kennzeichnet das Angebot des gleichnamigen Lokals. Am Wochenende
gibt es hier einen vegetarischen All-you-can-eat-Brunch für 15 Euro
mit Leckereien wie frischem Avocada-Tartar mit Spargel auf ge-
räuchertem Käse oder Steinpilz-Carpaccio. Wer sich lieber für die
Ferienwohnung versorgen möchte, kann außer auf den Wochen-
märkten auch in der Supermarktkette Natura sì! einkaufen.

€€ **100 % BIO**, Piazza di Porta San Paolo 6 a,
www.centopercento.bio
€ **Gelateria della Palma**, Via della Maddalena 19–23, Nähe Trevi-
Brunnen, www.dellapalma.it
€€ **Orto**, Via Giuseppe Gioacchino Belli 142, Nähe Engelsburg,
http://ristoranteorto.it
€€ **Lo Yeti**, Szenelokal in Pigneto mit regionalen Bioprodukten;
Via Perugia, Eckie Via Pesaro, www.loyeti.org
Natura si! Online-Plattform für Biolebensmittel, die auch statio-
näre Supermärkte betreibt; https://negozi.naturasi.it

Szeneviertel

*

DIE KARAWANE ZIEHT WEITER

*

Wenn ein Viertel vereinnahmt wird, sucht sich die Szene ein neues Feld. Trastevere ist für die Jeunesse dorée mittlerweile bereits zu touristisch. Wer in Rom weniger schick ausgehen und weniger ausgeben möchte, der bricht spätabends auf nach Testaccio, San Lorenzo oder Pigneto.

Trastevere: Ab dem frühen Abend erwacht die Via della Scala zum (Nacht-)Leben.

Trastevere: Ob in der Via Natale Grande ...   ... vor einem Straßencafé in der Via della Paglia oder ...

... in der Via della Scala – das Viertel mag inzwischen durchkommerzialisiert sein, aber noch immer ist das von der Hitze des Tages erwärmte Kopfsteinpflaster der Gassen der beste Ort für einen nachbarschaftlichen Plausch.

Und ab geht die Post: In Travestere, an der Piazza di San Cosimato.

Das Gerücht, in Trastevere sei Rom noch „richtig römisch", hält sich hartnäckig. Es hat sich herumgesprochen, wie hübsch die Gassen sind, wie pittoresk die kleinen Häuser, wie römisch das Essen. Aber das heißt: Für die meisten Römer sind die Mieten hier mittlerweile unbezahlbar. Deshalb wohnen heutzutage vor allem vermögende Ausländer in Trastevere.

GREGORIANISCHES AUS DER KONSERVE

Doch das ändert nichts an der Schönheit eines abendlichen Bummels. Denn die Häuser sind ja wirklich schmuck, das Essen ist gut. Und selbst wenn in der Kirche Santa Maria in Trastevere die gregorianischen Gesänge aus dem CD-Player kommen statt aus Sängerkehlen, heben sie den Genuss immer noch beträchtlich.

Etwas ruhiger geht es in den Straßen jenseits der Trambahnlinie zu, südlich der Viale di Trastevere. Da kann es geschehen, dass an den Straßentischen des Restaurants eine Sängerin stehen bleibt und ein römisches Volkslied singt. Die Sängerin ist braun gebrannt, die langen Haare hat sie zum Zopf gebunden, zum Akkordeon singt sie eine schwermütige Melodie. Nein, antwortet sie, aus Rom sei sie nicht, sondern aus Rumänien. Römerinnen würden heute wohl nicht mehr von Tisch zu Tisch ziehen in Trastevere, dem römischen Touristenviertel.

TESTACCIO: VOM LEBEN IN DER URBANEN PROVINZ

Auf der Piazza di Santa Maria Liberatrice hocken die Alten im Schatten auf Bänken und tauschen sich so eifrig aus, als hätten sie sich seit Jahrzehnten nicht gesehen. Ein Kellner kommt aus einer Bar, um *caffè* zu den Tischen beim Kinderspielplatz zu bringen. Touristen begegnet man hier seltener.

In den 1970er-Jahren politisierte sich das Viertel. Legendär war 1976 der Sturm auf das Kino „Vittoria". 400 Jugendliche besetzten den Saal und sahen sich „Duell am Missouri" mit Marlon Brando an. Kurz darauf räumte die Polizei das Kino mit Tränengas, während draußen auf der Piazza Molotow-Cocktails flogen. So wehrte man sich hier gegen teure Ticketpreise. Einen ähnlichen Aufstand gab es erst wieder, als die Eintrittspreise der Fußballstadien erhöht wurden.

SAN LORENZO UND DIE ZEICHEN AN DER WAND

Graffiti sind in Rom keine moderne Erfindung. Schon in der Antike wurde auf Mauern gekritzelt, was der Marmor hergab. Und auch in der Moderne sind noch immer vor allem Inschriften von ewiger Liebe zu lesen. *Principessa Claudia, mi innamorerò sempre di te*, steht in einer Unterführung: „Prinzessin Claudia, ich werde mich immer in dich verlieben." Nicht ganz so schwärmerisch, sondern

ES HAT SICH HERUM- GESPROCHEN, WIE HÜBSCH HIER DIE GASSEN SIND.

deutlich politisch motiviert sind die Zeichen an der Wand in San Lorenzo, dem Univiertel; rund 140 000 Studenten sind an der Universität La Sapienza eingeschrieben. Auf Straßenfesten feiern Junge und Junggebliebene lieber mit einer Flasche Bier in der Hand als mit einem Glas Rotwein vor sich. An einem

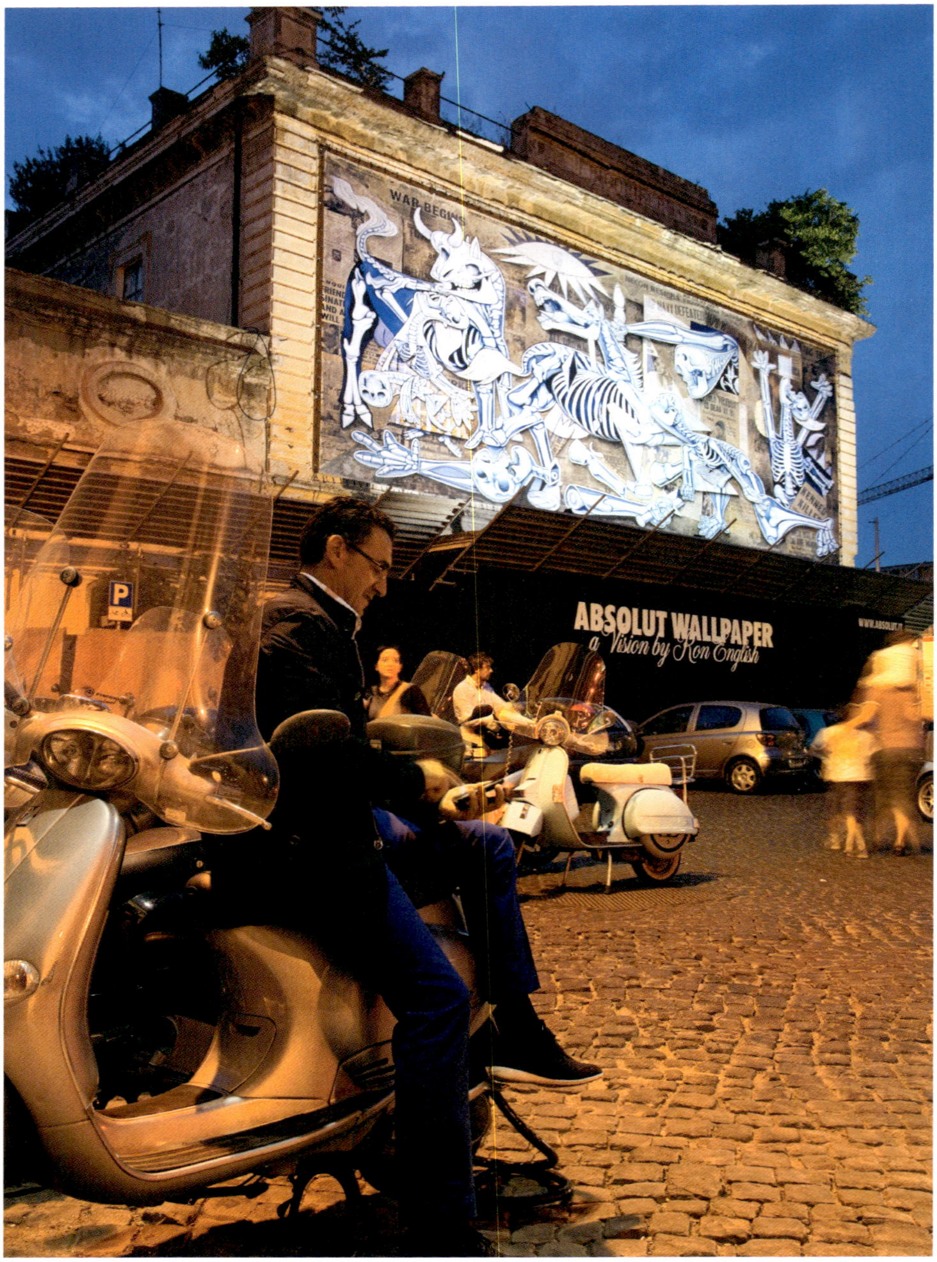

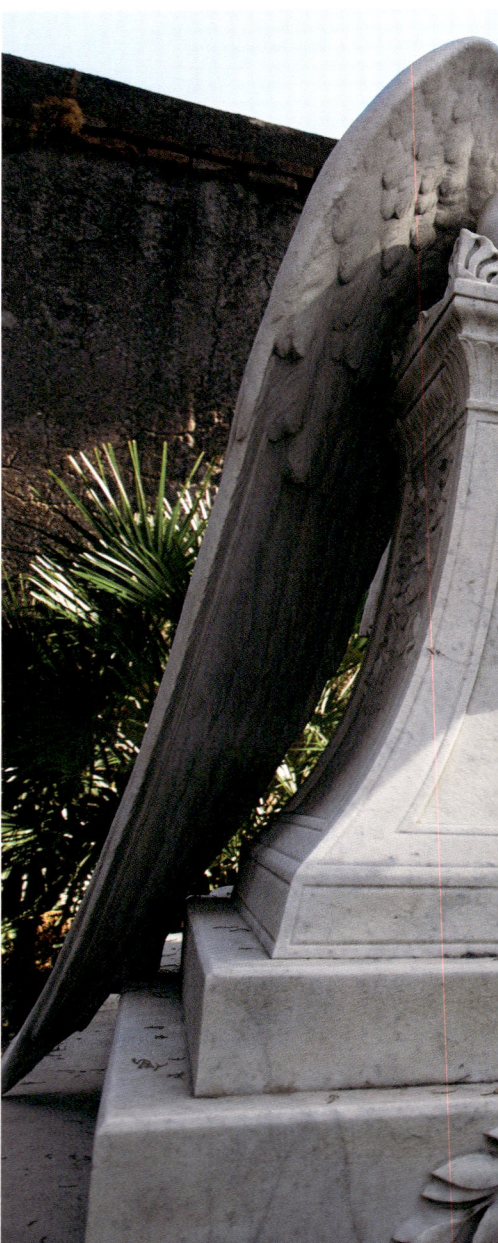

Auch hier haben wir es mit einem (zur Kulturmeile gewandelten) Schlachthof zu tun: Ex Mattatoio di Testaccio.

»MANGIA BENE, RIDI SPESSO, AMA MOLTO (ISS GUT, LACHE OFT, LIEBE VIEL)!«

Römische Lebensphilosophie

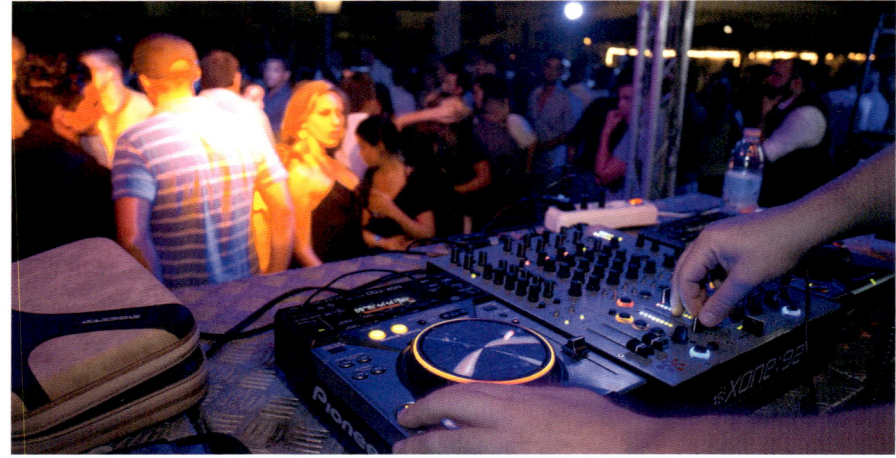

Nachtleben am Monte Testaccio: Der Alibi Club erweitert seine Geschäftsfläche im Sommer um eine große Open-Air-Dachterrasse.

der Tische vor einem der besten Fisch-
lokale der Stadt isst man Austern für
neun Euro und blickt auf die Graffiti an
der Wand. Während man Namen und
Parolen zu entziffern versucht, geht jemand an den Stühlen vorbei – gleich darauf hält er mit einer lässigen Bewegung
eine Handtasche im Arm. Zum Glück ist
es der Kellner, der die Tasche zurückgibt
mit den freundlich tadelnden Worten:
„Signora, bitte, nicht so leichtsinnig
sein." Woraufhin die erschrockene Signora die Handtasche nun regelrecht fest-
bindet, mit ihrem Halstuch.

CIMITERO VERANO: AM GRAB VON MARCELLO MASTROIANNI

Am Nordrand von San Lorenzo beginnt
der größte Friedhof Roms, der Cimitero
Verano. Die zahlreichen Erweiterungs-
bauten für Urnen wirken heute wie über-
irdische Katakomben. Am Eingang kann
man sich einen Plan des Friedhofs geben
lassen, mit einer Liste der Gräber von Be-
rühmtheiten. Für die Besichtigung sollte
man sich Zeit lassen – der Friedhof ist
zugleich eine grüne Oase. Stundenlang
könnte man durch die Gräberreihen spazieren und die Ruhe genießen im Schatten der Zypressen.

„Die Nachwelt flicht dem Mimen keine
Kränze", lautet ein Sprichwort. Wie wahr.
So ziert auch das Grab von Marcello
Mastroianni, dem vielleicht bekanntes-
ten italienischen Schauspieler aller Zei-
ten, nur eine eher unscheinbare, rote
Steinplatte. Nichts als der Name steht
darauf, kein Datum, und schon gar kein
Foto, wie es in Italien sonst oft zu sehen
ist. Plastikrosen stecken im Hintergrund;
immerhin hat jemand einen frischen
Bougainvilleenzweig darauf gelegt.

PIGNETO: AUS DEM DUNKEL ANS LICHT

Die *movida* hat Pigneto entdeckt. Im
Spanischen bezeichnete man mit diesem
Begriff die „Bewegung" der Jugendlichen,
die nach dem Ende der Franco-Diktatur
auf die Straße gingen: zum Feiern, zum
Zelebrieren neuer Lebensfreude in der
neuen Demokratie. In Italien ist die *mo-*

„Angel of Grief": Den trauernden Engel schuf der Dichter und Bildhauer William Wetmore Story
1894 für sich und seine Frau Emelyn auf dem protestantischen Friedhof (Cimitero acattolico).

„Und, haben Sie das schon gehört?!" Montag bis Samstag von 7.30 bis 13.00 Uhr wird an der
Piazza Testaccio ein bei den Einheimischen des Viertels beliebter Markt abgehalten.

Bunte Szene: Viele Bars und Enoteche säumen die Via del Pigneto.

Bar Necci dal 1924: Wer nie in Rom was Süßes aß – der sollte sich hier mal die Plastikhaube lüften lassen.

San Lorenzo: Nachtschattengewächse an der Piazza Immacolata

vida unpolitisch. Auch hier ziehen die Jugendlichen bis spät in der Nacht durch die Szeneviertel. Dass ihr Weg sie einmal auch nach Pigneto führen würde, in das einstige Arbeiterviertel an der Peripherie der Stadt, hätte früher wohl kaum jemand gedacht. Entstanden ist das Viertel in den 1920er-Jahren, als viele wegwollten aus den überfüllten Dörfern des Mezzogiorno: In Rom gab es Fabriken, also Arbeit, und Pigneto ähnelte damals einem Dorf. Da war die Umstellung nicht zu groß. Seit 1924 gibt es das Necci, das bekannteste Lokal des Viertels; auch Enrico Necci war einst aus Süditalien nach Rom gekommen. 1958 entdeckte Pier Paolo Pasolini das Lokal für seinen ers-

ten großen Film, „*Accatone*. Wer nie sein Brot mit Tränen aß" (1961), ein düsteres Sozialdrama mit Laiendarstellern, Pigneto in Schwarzweiß. Das hätte auch in den 1970er-Jahren gut gepasst, als fast nur noch die Alten hier wohnten und sich die Straßen in Drogenumschlagsplätze verwandelten. Damals waren die Mieten noch billig, was in den 1980er-Jahren die ersten Studenten und Künstler anzog sowie eine alternative Szene.

IM PRENZLAUER BERG VON ROM

Ein paar Edelsanierungen später, nach vielen Neueröffnungen von Supermärkten und Fitnessstudios, Galerien und Designerläden, Restaurants, Clubs und Bars,

zeigt sich das Viertel heute in einem neuen, bunten Licht. In umgebauten Garagen sorgen DJs für heiße Beats, in der Isola pedonale del Pigneto, der zur Fußgängerzone aufgehübschten Via del Pigneto, kosten die Drinks fast schon so viel wie auf der Piazza della Rotonda vor dem Pantheon. Und seit die U-Bahn bis hierher fährt, wittern die römischen Immobilienhändler Morgenluft. Nun wird sich das Pigneto-Viertel erneut verändern. Die Mieten im schon zum „Prenzlauer Berg Roms" ausgerufenen Szeneviertel werden dadurch weiter steigen, die Einwohnerstruktur wird sich erneut ändern. Und die *movida*? Die wird immer in Bewegung bleiben.

Verkehrspolitik

ALLE WEGE FÜHREN NACH ROM

*Auf Roms Straßen geht meist nicht viel voran,
die Stadt erstickt im Verkehr. Der U-Bahn-Bau stockt,
die Busse werden zu oft bestreikt ... Und dann steigen
doch alle wieder ins heiß geliebte Auto.*

Der öffentliche Nahverkehr ist in Rom ganz gut geregelt: Es gibt Nahverkehrszüge, Busse, Trambahnen und die U-Bahn. Aber die Römer schimpfen trotzdem mit aller Leidenschaft darüber, vor allem über die Busse. Sobald sie länger als fünf Minuten an der Haltestelle stehen, klagen sie: „Morgen fahre ich wieder mit dem Auto."

Italiener sind autoverliebt. Rom ist die europäische Hauptstadt mit den meisten Pkw pro Kopf. Auf zehn Einwohner kommen sieben Autos, mehr als doppelt so viele wie in Berlin. Die Ringautobahn GRA (Grande Raccordo Anulare) kollabiert fast täglich. Dabei fragt man sich, wohin die Autos alle wollen – gilt die Innenstadt doch als verkehrsberuhigte Zone. Privatautos dürfen bis sechs Uhr abends nur mit Ausnahmegenehmigung hineinfahren. Eigentlich. Noch schwieriger, als tagsüber mit dem Auto durch die Stadt zu kommen, ist es, das Vehikel abends wieder irgendwo abzustellen. Es soll Menschen geben, die an dem Tag, an dem sie einen Parkplatz vor ihrer Haustür gefunden hatten, aufs Fahrrad umgestiegen sind ...

Dabei ist die Problematik nicht neu. Um das urbane Chaos einzudämmen, erließen schon die alten Römer das „strikte Verbot zur Beförderung von Personen in Wagen innerhalb der Stadt". Caesar verbot zudem den Warentransport tagsüber auf den engen Straßen Roms, um das Verkehrschaos zu verringern. Herbeigeschafft wurden die Güter deshalb bei Tag auf dem Tiber; nur nachts ging es durch die Gassen der Stadt. „Das Rumpeln der schweren Wagen raubt selbst einem tauben Mann den Schlaf", ärgerte sich einst Juvenal. Auch diese Klage verjährt wohl nie.

MIT DER U-BAHN DURCH ROM

Immerhin: Vom U-Bahnhof Bologna aus ist seit 2015 der Abzweig B1 mit vier Stationen nach Jonio in Betrieb. Eine dritte Linie (C) mit 15 Stationen fährt schon seit Ende 2014 von Montecompatri/Pantano bis zum Parco di Centocelle, und zwar ohne Fahrzeugführer, mit einem Driverless-Metro-System. Weitere sechs Haltestellen bis zur Station Lodi verlängern seit Mitte 2015 die Linie C auf 18,1 Kilometer. Somit sind aktuell drei U-Bahn-Linien mit 74 Stationen und 60 Kilometer Gesamtlänge in Betrieb.

Auf der Piazza Venezia begannen 2023 die Arbeiten für den Bau der „komplexesten und ehrgeizigsten U-Bahn-Station der Welt". 700 Millionen Euro soll die Station „Piazza Venezia" der Linie C kosten, inklusive eines archäologischen Museums.

Nun müssten die Römerinnen und Römer die vorhandenen Linien nur noch besser nutzen. Viele finden den Metroausbau zwar grundsätzlich prima, meinen aber, dann sollten doch jetzt am besten ihre Nachbarn mit der U-Bahn fahren ...

Dem Ausbau des römischen Nahverkehrs steht – im ganz wörtlichen Sinne – vielfach die Antike im Wege.

Auf Schleichwegen mit der Vespa durch Rom. Linke Seite: Freie Straßen für freie Fußgänger – sonntags ist die Via dei Fori am Kolosseum für den Verkehr gesperrt.

Unterwegs in Rom

. . . .

Am besten geht man in der Ewigen Stadt zu Fuß. Für alle öffentlichen Verkehrsmittel gelten dieselben Fahrkarten. Ein einfaches Ticket (1,50 €) ist 100 Minuten lang gültig; damit kommt man bis nach Lido di Ostia. Außerdem gibt es Tickets für 24 Stunden (7 €), 48 Stunden (12,50 €) und 72 Stunden (18 €).

www.atac.roma.it
https://romtipps.de/verkehrsmittel.html

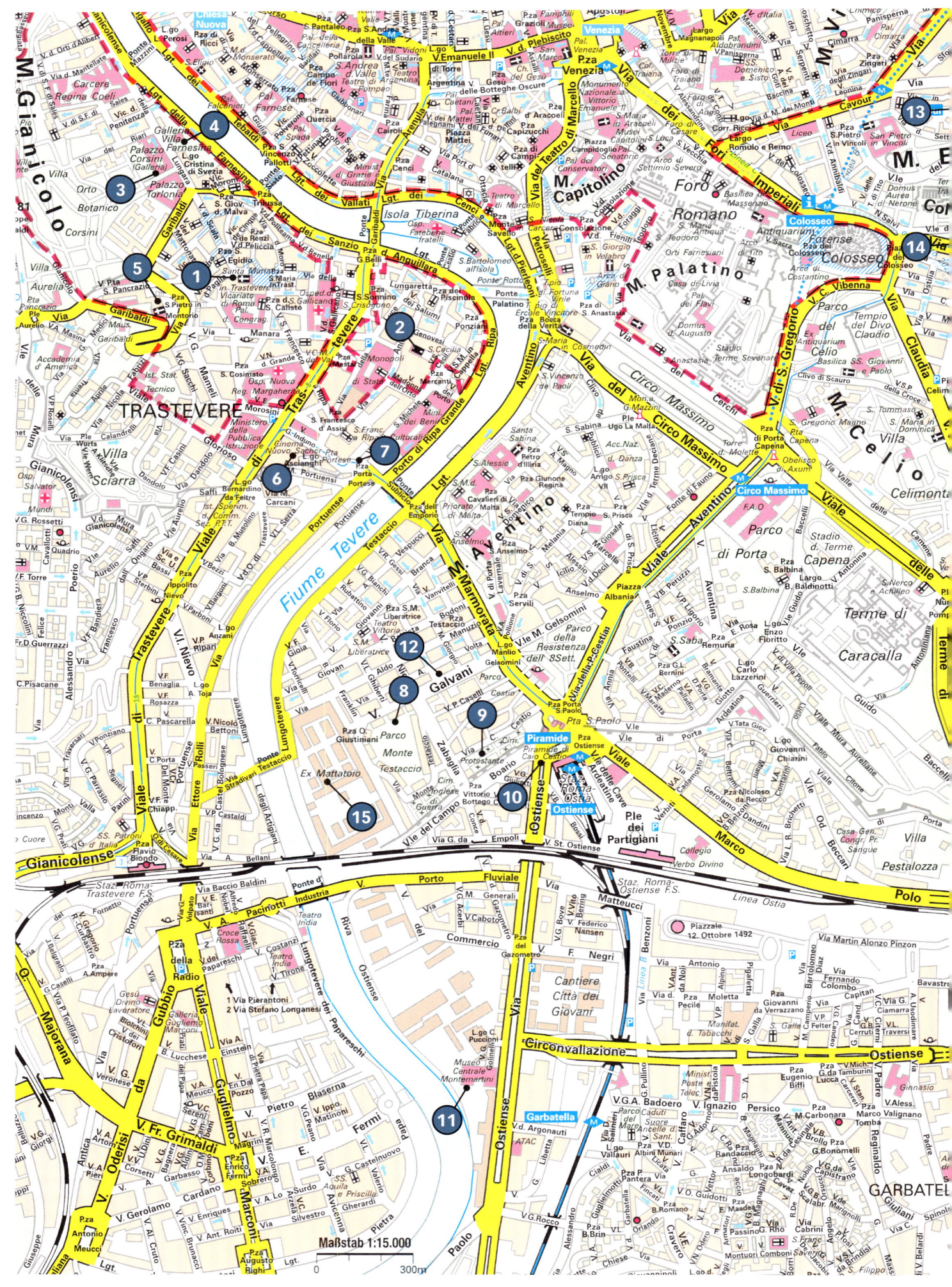

JUNGE RÖMER

Zwar treffen sich junge Römerinnen und Römer auch gern auf dem Campo de' Fiori, aber die beliebten Szeneviertel liegen außerhalb des Centro Storico. Am bekanntesten ist Trastevere. San Lorenzo findet man etwas versteckt hinter dem Hauptbahnhof. In Testaccio, dem „Scherbenviertel", beginnt die Nacht spät, dauert dafür umso länger. Und in Pigneto sind die Römer noch weitgehend unter sich.

① – ⑦ Trastevere

„Jenseits des Tibers" (so die wörtliche Bedeutung von Trastevere) kann man einiges entdecken. Auch wenn das ehemalige Arbeiter- und Handwerkerviertel längst „in" ist, also teuer, gibt es neben all den Szenelokalen und Edelboutiquen vereinzelt noch kleine *osterie* und Krämerläden. Um das ursprüngliche Trastevere zu finden, muss man sich allerdings tief hineinbegeben in das hübsche Labyrinth enger Gassen, in dem sich die „Trasteverini" allein an den hohen Glockentürmen romanischer Kirchen orientieren.

In der Villa Farnesina illustrieren Fresken die Geschichte von Amor und Psyche (oben). Gemalt wurden sie 1518 von Raffael und seinen Schülern Giulio Romano und Francesco Penni. Links: „Blaue Stunde" auf der Piazza di Santa Maria in Trastevere

SEHENSWERT

Roms älteste Marienkirche, ① **Santa Maria in Trastevere**, wurde der Legende nach an dem Ort gegründet, an dem im Jahr 38 v. Chr. eine Ölquelle entsprang, die von den Juden als Zeichen für den kommenden Messias und später von den Christen als Hinweis auf die bevorstehende Ankunft des Erlösers gedeutet wurde. Das heutige Gotteshaus entstand im 12. Jh. über einem Vorläuferbau aus dem 3. und 4. Jh. Das Kirchenschiff ruht auf antiken Säulen aus den Caracalla-Thermen; Glanzstück sind die herrlichen goldgrundigen, im 12./13. Jh. entstandenen Mosaiken in der Apsis. Der Brunnen auf der Piazza di Santa Maria in Trastevere ist abends ein beliebter Treffpunkt für Jugendliche und Junggebliebene auf dem Weg in die Nacht. Zu den frühchristlichen Märtyrerinnen gehört die um das Jahr 200 in eine römische Adelsfamilie geborene Cäcilia, um deren Leben und Tod sich viele Legenden ranken. Unter dem Altar der Basilika ② **Santa Cecilia in Trastevere** stellt eine Marmorskulptur von Stefano Maderno (1600) Cäcilia in der Lage dar, in der sie gefunden worden sein soll, als ihr Grab 1599 in der Calixtus-Katakombe geöffnet wurde. Die Apsis ist mit einem im 9. Jh. entstandenen Mosaik geschmückt. Der ③ **Palazzo Corsini** (1510–1512) beherbergt die **Galleria Nazionale d'Arte Antica** (Via della Lungara 10, Tel. 06 68 80 23 23, www.barberinicorsini.org; Di–So. 10.00–19.00 Uhr) mit Meisterwerken des 14. bis 18. Jh., darunter Werke der Venezianer Tiepolo und Canaletto sowie Caravaggios „Johannes der Täufer" und Gemälde von Rubens und Van Dyck. Am Tiberufer liegt die ab dem Jahr 1508

von Baldassare Peruzzi für den Bankier Agostino Chigi errichtete ④ **Villa Farnesina** (Via della Lungara 230, Tel. 06 68 02 72 68, www.villa farnesina.it; Mo.–Sa. 9.00–14.00, jeden 2. So. im Monat 9.00–17.00 Uhr, mit Führung), die 1580 von Kardinal Alessandro Farnese erworben wurde, nach dem sie heute benannt ist. Berühmt sind die Fresken Raffaels und seiner Schüler in der „Loggia mit Amor und Psyche" sowie Peruzzis Zyklus in der „Loggia der Galatea", der die Konstellation der Sterne zur Zeit der Geburt des Bauherrn zeigt. Im Innenhof des Franziskanerklosters ⑤ **San Pietro in Montorio** steht der **Tempietto di Bramante**, ein um 1502 über dem mutmaßlichen Ort der Kreuzigung des heiligen Petrus errichteter Rundtempel.

ERLEBEN

Das Kino ⑥ **Nuovo Sacher** (Largo Ascianghi 1, Tel. 06 5 81 81 16, www.sacherfilm.eu), von Regisseur Nanni Moretti gegründet, zeigt Autorenfilme aus aller Welt.
Die billigsten Schuhe der Stadt, die aufgedrehtesten Marktschreier, die dünnsten, schlechtes-

ten Handtücher, allerneueste Möhrenschneider und Handtaschen aller (Fake)-Marken, Schrott und Kram, aber auch Strandmode. Kosmetika und Balkonmöbel, schlicht: alles außer teuer gibt es an der ⑦ **Porta Portese**, wo So. bis 14.00 Uhr der berühmteste Flohmarkt Roms stattfindet (www.portaportesemarket.it).

VERANSTALTUNG

Mitte Juli feiert man ein mehrtägiges Straßenfest, **La Festa de Noantri** (www.festadeno antri.it). Traditionell beginnt es mit einer Bootsprozession auf dem Tiber. Dann werden Lichterketten aufgehängt, überall stehen Tische und Stühle draußen, und die Anwohner (Noantri bedeutet „wir anderen") feiern sich selbst.

RESTAURANTS

Für den Aperitif beliebt ist die € **Bar del Cinque** (vicolo de' Cinque 5). Ein Glas Wein kostet rund 5 €, dazu gibt es ein Buffet mit Häppchen und WLAN auf der Terrasse.
In einer Seitengasse auf der anderen, ruhigeren Seite der Viale di Trastevere ist das € **Sette**

Oche in Altalena (Via dei Salumi 36, www.setteoche.it) ein ruhiges Lokal. Ordentliche Pasta gibt es hier schon ab 8,50 €.

In einer netten Gasse liegt das € € Ristorante Da Massi (Via della Scala 34, Tel. 06 58 33 38 68, www.ristorantedamassi.com) mit bodenständiger römischer Küche zu günstigen Preisen.

Die € € Trattoria da Lucia (Vicolo del Mattonato 2, Tel. 06 5 80 36 01) liegt etwas abseits; beliebt sind die Spaghetti Cacio Pepe für 10 €. Leckeres Eis gibt es bei **Blue Ice** (Piazza Santa Maria in Trastevere 4).

UNTERKUNFT

Das € **Hotel Domus Tiberina** (Via in Piscinula 37, Tel. 06 5 8136 48, www.hoteldomus tiberina.it) ist in einem alten Palazzo mitten in Trastevere untergebracht und trotzdem nicht zu laut.

Das kleine, persönlich geführte € € **Hotel Villa della Fonte** (Via della Fonte dell'Olio 8, Tel. 06 5 80 37 97, www.villafonte.it) liegt nahe der Piazza Santa Maria im Herzen von Trastevere. Untergebracht ist es in einem Palazzo aus dem 18. Jh. mit schöner Frühstücksterrasse.

Tipp

Kunst & Bio

Der ehemalige Schlachthof (*mattatoio*) in Testaccio, **15** **Ex Mattatoio di Testaccio**, gilt heute als ein Denkmal der Industriearchitektur des 19. Jh. Er beherbergt Organisationen des alternativen Kulturlebens und der experimentellen Kunst. Zudem findet man auf dem weitläufigen Gelände das der modernen Kunst gewidmete **Macro Testaccio** (Piazza Orazio Giustiniani 4, Tel. 06 6 71 07 04 00, www.museomacro.it; Di.–So. 14.00–20.00 Uhr). Und es entstand eine rund 3500 m² große „Stadt des anderen Wirtschaftens" mit Biosupermarkt, Biobar und Biorestaurant. Alle Waren stammen hier von zertifizierten Bioerzeugern.

www.cittadellaltraeconomia.org; über Wechselausstellungen und Kunstaktionen informiert www.oggiroma.it/eventi/

Bar Necci dal 1924 in Pigneto (oben). Spannende Kontraste zwischen Kunst und Architektur im Museo Centrale Montemartini (rechts oben). Bar-Pasticceria Linari in Testaccio

8 – **12** Testaccio

Der heute 35 m hohe Hügel ist ein zwischen Tiber und Porta San Paolo gelegener antiker „Scherbenhaufen", der entstand, als sich dort die Abfälle aus den Lagerhäusern des Flusshafens anhäuften, vornehmlich Tonscherben (lat. testae). Heute ist es schick, hier zu wohnen. Testaccio hat sich zum Trendviertel entwickelt mit Weinkellern und Szenelokalen.

SEHENSWERT/MUSEUM

Auf dem Gipfel des **8** **Monte Testaccio** erinnert ein Holzkreuz daran, dass hier im Mittelalter Passionsspiele stattfanden. Auf dem protestantischen Friedhof **9** **Cimitero acattolico** (Via Caio Cestio 6, https://cemeteryrome.it; Mo.–Sa 9.00–17.00, So. bis 13.00 Uhr) liegen berühmte Ausländer wie die englischen Dichter John Keats (gest. 1821) und Percy Shelley (gest. 1822) sowie der italienische KPI-Gründer Antonio Gramsci (gest. 1937). Auch das Grab von „Goethe dem Jüngeren" ist hier zu finden: Goethes Sohn August starb 1830 in Rom, „dem Vater vorangehend" mit 40 Jahren. Ein pyramidenförmiges Grabmal ließ sich Gaius Cestius Epulonius vor dem Jahr 12. v. Chr. an der nordöstl. angrenzenden Piazza di Porta San Paolo errichten: die zusammen mit der Porta San Paolo von der Aurelianischen Stadtmauer eingefasste **10** **Piramide di Caio Cestio**. In den Hallen des ersten römischen Elektrizitätswerks ist das **11** **Museo Centrale Montemartini** (Via Ostiense 106, Tel. 06 06 08, www.centrale montemartini.org; Di.–So. 9.00–19.00 Uhr) untergebracht. Die Präsentation antiker Statuen aus den Beständen der Kapitolinischen Museen in dem 1912 ans Netz gegangenen, seit rund 20 Jahren stillgelegten Kraftwerk hat ihren ganz eigenen Reiz. Prunkstück des Hauses ist der Maschinenraum mit zwei kolossalen schwarzen Dieselmotoren, die nun von weißen Marmorgöttern flankiert werden.

WOCHENMARKT

Werktags von frühmorgens bis in den Nachmittag decken die Anwohner des Viertels auf dem Wochenmarkt **12** **Mercato di Testaccio** (Via Galvani, www.mercatoditestaccio.it; Mo. bis Sa. 7.00–15.30 Uhr) ihren Tagesbedarf an frischem Obst und Gemüse, Fisch und Fleisch.

RESTAURANT

Eine Amphore hat die Bar-Pasticceria € **Linari** (Via Nicola Zabaglia 9, Tel. 0 65 78 23 58, www.pasticcerialinari.com) als Firmenzeichen. Sehr lecker sind die *arragoste*, Langusten aus Blätterteig mit Cremefüllung.

NIGHTLIFE

Rund um den Monte Testaccio tobt das römische Nachtleben, aber vor 23.00 Uhr braucht man gar nicht erst zu kommen. **Caruso Cafe de Oriente** (Via di Monte Testaccio 36, Tel. 06 5 74 50 19) heißt ein Club mit lateinamerikanischer und karibischer Musik. In der **Discoteca My Club Roma** (Via Galvani 44, Tel. 06 57 28 86 91) sollen auch schon Menschen gesehen worden sein, die über 30 Jahre alt sind. Dem jazzbegeisterten früheren Bürgermeister Walter Veltroni verdankt Rom seine **Casa del Jazz** (Viale di Porta Ardeatina 55, in Ostiense, südl. von Testaccio, Tel. 06 70 47 31, www.casadel jazz.com; Tickets an Veranstaltungstagen ab 19.30, bei Sonntagsmatinees ab 10.30 Uhr). Die Villa mit dem großen Park hatte einst dem Mafiapaten Enrico Nicoletti gehört und war

DER GRÖSSERE, ÖSTLICHE TEIL DES AKTUELLEN TRENDVIERTELS PIGNETO IST AUF DEN MEISTEN STADTPLÄNEN GAR NICHT VERZEICHNET.

konfisziert worden. Veltroni setzte sich für die Umgestaltung ein.

⑬ San Lorenzo

In dem vor der östlichen Stadtmauer liegenden, im Zweiten Weltkrieg bei Angriffen der Alliierten schwer beschädigten Viertel leben heute vor allem Studenten, die an der nahen Universität La Sapienza (www.uniroma1.it) immatrikuliert sind. Politisch ist man traditionell links eingestellt; einst demonstrierten hier Arbeiter gegen Faschisten, marschierten Kommunisten auf, und noch immer treffen sich hier die Ultras, radikal-fanatische Fußballfans.

SEHENSWERT
Die im Kern auf das 4. Jh. zurückgehende, später mehrfach veränderte und erweiterte Basilika **San Lorenzo fuori le Mura** (Piazzale San Lorenzo, außerhalb der City-Map) gehört zu den sieben Pilgerkirchen Roms. Errichtet wurde sie über dem Grab des Märtyrers Laurentius, der im August 258 auf einem glühenden Rost zu Tode gefoltert wurde. Der nahe **Campo Verano** ist der größte Friedhof der Stadt und zugleich eine ruhige, grüne Oase, in der man gut spazieren gehen kann (Piazzale del Verano 1, außerhalb der City-Map; tgl. 7.30–19.00, Winter bis 18.00 Uhr).

RESTAURANT
Manche halten es für das beste Fischlokal der Stadt: das € € **Da Franco ar vicoletto** (Via dei Falisci 1 a, Ecke Via dei Latini, Tel. 06 44 70 49 58; Mo. geschl.); dafür sind die Preise noch relativ günstig. Wer im Ausgehviertel gehobene römische Küche sucht, wird bei € € € **Pigneto Quarantuno** (Via del Pigneto 41, Tel 06 70 39 94 83) fündig.

⑭ Pigneto

Das Trendviertel, dessen größerer, östlicher Teil auf vielen Stadtplänen gar nicht verzeichnet ist, bildet ein spitzes Dreieck hinter Gleisen und Tramdepots, eingeklemmt zwischen Umfahrungs- und Hochstraßen, auf denen kaum noch Autos fahren. Wo man hier feiert? Immer den Graffitis nach …

SEHENSWERT/RESTAURANTS
Treffpunkt der *movida* ist die zur Fußgängerzone umgewandelte **Via del Pigneto** (außerhalb der City-Map).
Im € € € **Va.Do al Pigneto** (Via Braccio da Montone 56, Tel. 06 45 55 35 82, www.vadoal pigneto.it) speist man gehoben Meeresfrüchte. Im legendären € € **Necci dal 1924** (Via Fanfulla da Lodi 68, Tel. 06 97 60 15 52, www.necci 1924.com), das heute nur noch den Namen der einstigen Besitzerfamilie trägt, gibt es von morgens 8.00 bis nachts um 1.00 Uhr selbstgebackenes Brot und Croissants. An pittoresk vergammelten Tischen und Stühlen serviert man u.a. ein Getränk, das „Garibaldi" heißt und sich als Campari-Orange entpuppt.

CUCINA ROMANA

Eine Stadt, die sich auf Genuss gründet – so sieht sich die Città del Gusto, ein Koch- und Weinhaus, das vom Gambero Rosso initiiert wurde, *dem* italienischen Restaurantführer schlechthin. Auf fünf Stockwerken kann man essen, trinken, lesen, an Degustationen teilnehmen, Weinproben veranstalten oder einfach reden – natürlich übers Essen.

Es gibt die Osteria del Gambero Rosso, ein gehobenes Restaurant; abends trifft man sich im Teatro del Vino, der Weinbar. Im dritten Stock schließlich geht es in der Kochschule nicht darum, mal locker Spaghetti zuzubereiten – hier wird echte italienische Kochkunst vermittelt. Das ist zwar leider nicht billig, aber immerhin können die zumeist mehrtägigen Kochkurse für Gourmets auch Laien besuchen.

Übung macht den Meister, auch in der Città del Gusto im Süden von Trastevere.

Um zu lernen, wie man krosse Pizza vom Blech zubereitet, trifft man sich drei Wochen lang und bezahlt dafür 1200 Euro. Andere Profiköche zeigen, wie moderne italienische Desserts geschichtet und *gelati* professionell gerührt werden. Wem die Kurse zu aufwendig und zu teuer sind, der kann in den dazugehörigen Laden gehen. Dort findet man Spezialitäten aus allen italienischen Regionen – und jede Menge Kochbücher zur *cucina romana*. Und wem selbst das noch zu umständlich ist, der besorgt sich hier einfach die neueste Ausgabe des bekanntesten Gambero-Rosso-Buches: den auch auf Deutsch übersetzten Band „Osterie d'Italia".

Città del Gusto: Via Ottavio Gasparri 13/17, Tel. 06 55 11 21, www.gamberorosso.it/category/citta-del-gusto/

Süden und Meer

*

EIN TAG AM MEER

*

Alle Straßen führen nach Rom –
und einige auch wieder aus der
Stadt heraus; eine der schönsten
ist die Via Appia Antica.
Von Pinien und Zypressen
gesäumt, liegt sie in der archai-
schen Landschaft der römischen
Campagna. In Ostia gibt es
interessante Ausgrabungsstätten,
vor allem aber ist es von dort
nicht mehr weit bis ans Meer,
zum „Strandbad der Römer".

Lido di Ostia: Je weiter südlich man kommt,
desto mehr Platz ist an den Stränden.

»JEDEN TAG STATTETE ICH DEM MEER EINEN BESUCH AB. MIT EINEM BUCH IN DER JACKENTASCHE NAHM ICH DEN ZUG NACH OSTIA UND VERBRACHTE EINEN GROSSEN TEIL DES TAGES LESEND IN EINER TRATTORIA AM STRAND.«

Gianfranco Calligarich

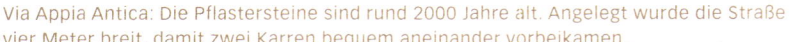
Via Appia Antica: Die Pflastersteine sind rund 2000 Jahre alt. Angelegt wurde die Straße vier Meter breit, damit zwei Karren bequem aneinander vorbeikamen.

Jogger an der Aurelianischen Stadtmauer, zwischen der Porta San Sebastiano und der Cestius-Pyramide

Der Aventin ist der südlichste Hügel Roms. Die ersten Orangenbäume soll der heilige Dominik gepflanzt haben; nun liegen dort junge Leute auf der Wiese, wo ihnen paradiesisch die Früchte in den Schoß fallen. Auf den Parkbänken sitzen Menschen und lesen. Anwohner können es kaum sein, denn wer hier oben eine Villa hat, der hat selbst einen Park. Schon in der Antike gehörte der Aventin zu den edelsten Wohngegenden Roms.

Ganz vorn aber im Orangengarten sitzen auf dem Mäuerchen über dem Tiberufer Touristen aus aller Welt, lassen die Beine baumeln über den Kapernbüschen und freuen sich am Panoramablick auf Trastevere, Gianicolo und die Kuppel des Petersdoms. Und weil das Panorama ein beliebter Hintergrund für Fotos ist, kommt alle naselang ein Fotograf vorbei, mit einem frisch getrauten Paar im Schlepptau Dabei geht die Zahl der Eheschließungen auch in Italien zurück. Die Frauen heiraten erst mit etwa 30, die Männer mit 33 Jahren. Und ein Drittel der gut 200 000 Eheschließungen wird auch im einst so katholischen Italien heute beim Bürgermeister geschlossen, nicht in der Kirche.

„HERR, WOHIN GEHST DU?"

Wer ist schon alles über diese Straße gegangen! Die von dem römischen Zensor Appius Claudius Caecus ab 312 v. Chr. angelegte antike Straße führte zunächst von Rom nach Capua, dann bis Brundisium, dem heutigen Brindisi, insgesamt rund 580 Kilometer. Von dort sollte der Orient erobert werden. Truppen zogen hin und her, viel Blut wurde vergossen; auch der Spartakus-Aufstand fand hier sein entsetzliches Ende. Rund 6000 Sklaven, die die schrecklichen Kämpfe überlebt hatten, wurden im Jahr 71 v. Chr. entlang der Straße gekreuzigt. Hier auf der Via Appia soll dem heiligen Petrus, der aus Angst vor dem Martyrium aus der Stadt fliehen wollte, auch ein Wanderer begegnet sein, den er fragte: Domine, quo vadis („Herr, wohin gehst du")? An

Ostia Antica entstand im 4. und 3. vorchristlichen Jahrhundert als Handels- und Kriegshafen des antiken Rom.

Auf dem Grabungsgelände wandelt man heute fast allein und bekommt dabei eine ähnlich gute Vorstellung vom Leben in der Antike wie im viel bekannteren Pompeji.

Alte Mosaiken und Säulenreste zeugen von vergangener Pracht.

Mussolinis gigantische Trabantenstadt EUR, ab 1937 im Süden Roms errichtet …

… verging sich architektonisch an der Antike und scheiterte am eigenen Größenwahn. Auffälligstes Bauwerk ist der Palazzo della Civiltà del Lavoro, auch „viereckiges Kolosseum" genannt.

Cinecittà World

Special

Hollywood am Tiber

Das ab 1937 entstandene Filmstudiogelände im Süden Roms entwickelte sich nach dem Zweiten Weltkrieg zum „Hollywood am Tiber".
Von Fellini über De Sica und Rossellini bis zu Visconti drehte hier alles, was im italienischen Film Rang und Namen hat. Selbst Amerikaner produzierten dort, vor allem Sandalenfilme wie „Ben Hur" und „Quo Vadis". Auf römische Historienschinken folgten Spaghetti-Western etwa von Sergio Leone; auch Mel Gibsons umstrittener Jesusfilm „Die Passion Christi", wurde hier (und in Süditalien) gedreht. Insgesamt wurden in Cinecittà über 3000 Filme produziert, 90 davon für einen Oscar nominiert, 47 erhielten die begehrte Auszeichnung.

Im Jahr 1997 von der italienischen Regierung privatisiert, sind heute weite Teile des Komplexes stillgelegt. An den alten Mythos erinnert noch ein Vergnügungspark. Cinecittà World öffnet die Pforten zu einem ganz dem

Kein Müßiggänger: Fellini-Büste in Cinecittà

Film und dem Kino gewidmeten Universum. Die Gestaltung des Parks leitete Dante Ferretti, der selbst dreimal mit einem Oscar für das beste Szenenbild ausgezeichnet wurde. Auf rund zwanzig Hektar verteilen sich Original-Filmkulissen, etwa von Martin Scorseses „Gangs of New York", Kinosäle, eine Achterbahn und viele Filmfiguren, auch aus dem antiken Rom, etwa aus „Ben Hur".

das Ereignis erinnert die kleine Kirche Santa Maria in Palmis, die auch Chiesa del Domine Quo Vadis genannt wird. „Ich komme, um mich ein zweites Mal kreuzigen zu lassen", soll der Wanderer geantwortet haben, worauf Petrus, beschämt durch das Wort Christi, nach Rom zurückging, dem Märtyrertod entgegen. Im Kircheninnern sollen zwei Abdrücke die Fußspur Christi zeigen, und natürlich klingt die fromme Legende viel schöner als die prosaische Nachricht, dass es sich dabei um ein Votivbild handelt, das als Dank für den glücklichen Ausgang einer Reise gestiftet wurde.

DIE KÖNIGIN DER STRASSEN

Regina viarum, Königin der Straßen, wird die Via Appia auch genannt. Kreuzfahrer machten sich hier auf den Weg ins Heilige Land, Goethe flanierte in die römische Campagna, ließ sich von Tischbein malen, war begeistert vom – unter Augustus zu Ehren der Tochter eines römischen Konsuls gebauten – Grabmal der Cecilia Metella. In jüngerer Zeit marschierten hier Amerikaner: Die Alliierten waren zunächst auf Sizilien gelandet, dann nach Kalabrien übergesetzt und befreiten schließlich am 4. Juni 1944 Rom. Sechzehn Jahre später traf sich die Jugend der Welt zu Olympischen Sommerspielen in der Ewigen Stadt; dabei ge-

Warmduscher am Strand – *calda* bedeutet warm.

Volleyball im Sand: Man kann ja nicht dauernd unter der Dusche stehen.

Retro ist hier nur der Look: Das Strandbad „Kursaal" mit seinem kreisrunden Zehnmeter-Sprungturm gehört zu den besseren, aber auch teureren Strandbändern in Lido di Ostia.

Baden vor der Haustür – Römer am Meer

**AM LIDO DI OSTIA RESER-
VIEREN FAMILIEN GLEICH
FÜR DEN GANZEN SOMMER
EINE KABINE.**

wann der Äthiopier Abebe Bikila als erster Schwarzafrikaner in der olympischen Geschichte eine Goldmedaille – im Marathonlauf. Dass dieser Lauf zum Teil auf der holprigen Via Appia Antica ausgetragen wurde, schien Bikila nicht zu stören: Er lief barfuß.

Wer heute auf der Via Appia Antica entlangspaziert, den erinnert dort nichts ans moderne Rom. Es gibt keine Werbetafeln, nicht mal einen Kiosk oder eine Bar. Sonntags, wenn viele Straßen in der Innenstadt für den Autoverkehr gesperrt sind, kann man mit dem Rad hierher fahren. Eine gemütliche Tour ist das allerdings nicht. Das alte römische Pflaster aus Basaltsteinen ist zwar hübsch anzusehen, lässt die Fahrt aber ziemlich ruppig werden. Man sollte sich ein Picknick mitnehmen und dann auf Säulenresten rasten, im Schatten von Schirmpinien.

DAS STRANDBAD DER RÖMER

Ein idyllischer Ausflug war die Fahrt in der meist überfüllten Bahn nie, aber Meer muss sein! Am Lido di Ostia reservieren Familien gleich für den ganzen Sommer eine Kabine – ein kleines Holzhäuschen als Umkleide, Weindepot, Lager für Sonnenschirme und aufblasbare Krokodile. Urlauber begnügen sich mit einer Strandliege samt Sonnenschirm für einen Tag. Es gibt Duschen, eine Bar,

Eis und fliegende Händler mit allerlei Krimskrams. Das Meer ist nicht gerade azurblau, aber das Wasser relativ sauber und die Wellen plätschern an den Strand. Was will man mehr?

OSTIA, ANTIK

Nur rund 25 Kilometer liegt Ostia von Rom entfernt. Auf dem Grabungsgelände Ostia Antica wandelt man heute fast allein und bekommt eine gute Vorstellung vom Leben in der Antike. In der im Jahr 355 v. Chr. gegründeten, über Jahrhunderte hinweg gut florierenden Hafenstadt gab es prachtvolle Villen, Märkte, Bäder, Tavernen, Sportstätten und ein großes Theater. Bis zu 100 000 Menschen lebten damals in der Stadt; allerdings wurde die Bevölkerung mehrfach durch Malariaepidemien dezimiert.

Zurück am Strand bemerkt man die Folgen der Wirtschaftskrise: Viele Familien kommen mit Schirm, Stuhl und Melone hier an und ziehen mit ihren vollgepackten Kühltaschen an einen freien Strand. Ein Espresso an der Bar und das Eis für die Kinder sind aber unverzichtbar. Einen schönen Abschluss so eines Sommertags bildet ein Fischessen auf einer Terrasse am Meer, ein Schluck Weißwein dazu, den rotgoldenen Sonnenuntergang betrachten, und dann mit der Metropolitana zurück in die Stadt.

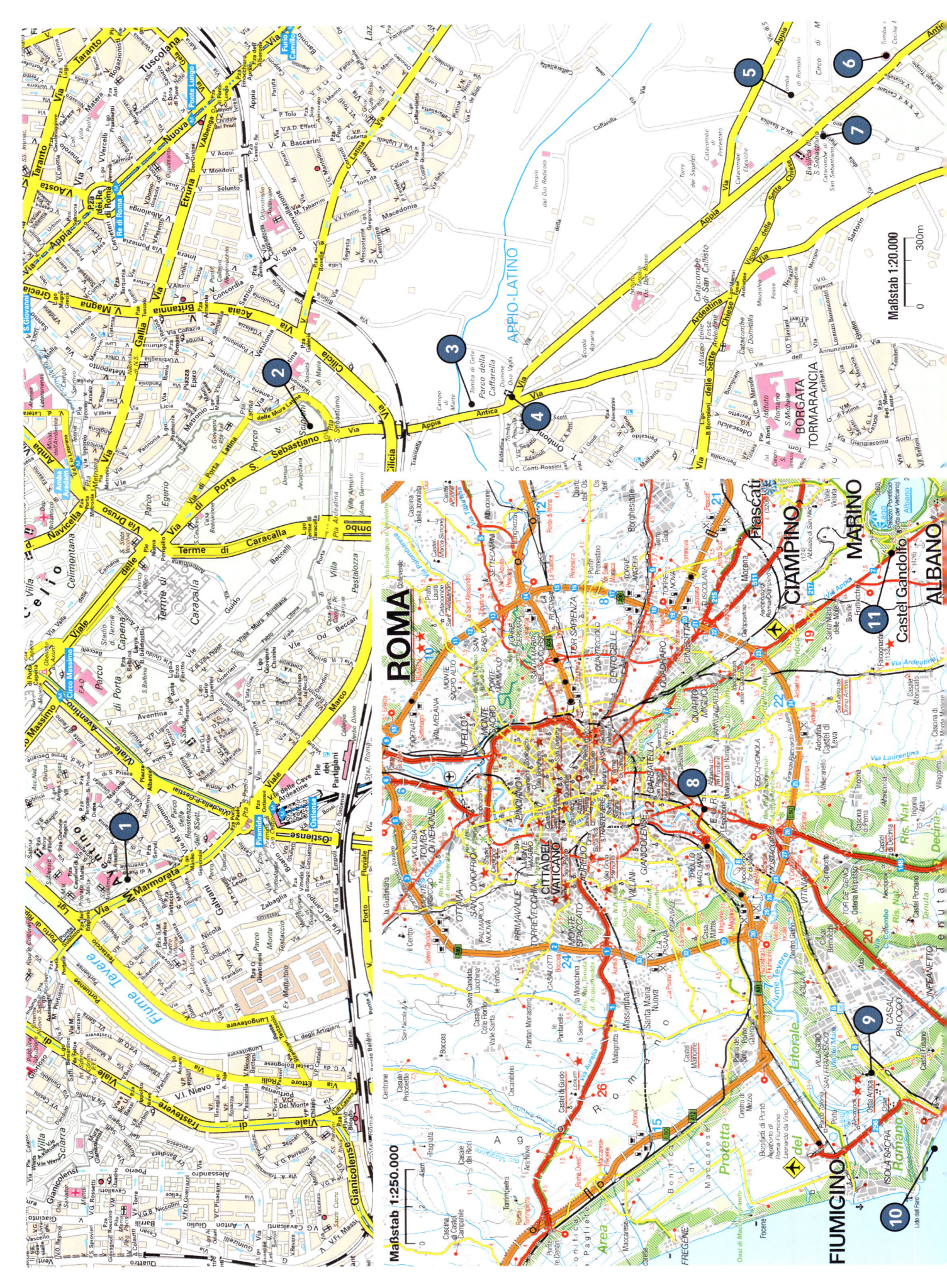

RAUS AUS DER STADT

Rom ist großartig, aber anstrengend. Wer mehr als nur ein paar Tage in der Stadt ist, will auch mal raus aus dem Getümmel. Ein kleiner Ausflug auf der Via Appia Antica sorgt für Ruhe. Zwar ist es am Meer nicht wirklich einsam, aber so ein Tag am Strand stärkt gut für eine weitere Woche in der Stadt.

❶ Monte Aventino

Der südlichste Hügel Roms gehört seit der Antike zu den edelsten Wohngegenden der Stadt.

SEHENSWERT

Der **Aventin** wird durchzogen von der **Via di Santa Sabina**, benannt nach der im 5. Jh. erbauten Basilika **Santa Sabina** (Piazza Pietro d'Illiria 1). Trotz mehrerer Umbauten hat man die originalen Türen aus Zypressenholz bewahrt; die ältesten erhaltenen geschnitzten Holztüren christlicher Kunst zeigen Kreuzigungsszenen. Die Gebäude des Malteserordens **Priorato dei Cavalieri di Malta** (Via di Santa Sabina 3) sind für die Öffentlichkeit nicht zugänglich, aber ein Schlüssellochblick auf die am Ende einer Allee sichtbare Kuppel des Petersdoms ist erlaubt; man reihe sich einfach in die Schlange auf der Straße ein.

UNTERKUNFT

Im €€ **Hotel Villa San Pio** (Via Santa Melania 19, Tel. 06 57 00 57, www.aventinohotels. com) schläft man ruhig. Der Hotelkomplex besteht aus drei Villen in einem großen Garten. Zu den touristischen Zentren ist es ein bisschen weiter, dafür liegt das Ausgehviertel Testaccio praktisch zu Füßen des Aventin.

❷ – ❼ Via Appia Antica

Der offizielle Ausgangspunkt der antiken Militär- und Handelsstraße liegt heute nicht mehr wie einst bei der Porta Capena am Südabhang des Palatin, sondern bei der Porta San Sebastiano, einem Tor in der Aurelianischen Stadtmauer, das im Altertum „Porta Appia" genannt wurde. Die ersten, noch im Stadtgebiet Roms liegenden 16 km der „Königin der Fernstraßen" sind seit 1988 durch den 1997 erweiterten Parco Regionale dell'Appia Antica geschützt (www.parcoappiaantica.it).

SEHENSWERT

Die wechselvolle Baugeschichte der Aurelianischen Stadtmauer erläutert das kleine ❷ **Museo delle Mura** (Via di Porta San Sebastiano 18, www.museodellemuraroma.it; Di.–So. 9.00 bis 14.00 Uhr), von dem aus man ein Stück die alten Wehrgänge der Stadtmauer entlanggehen kann. Gleich gegenüber dem Stadttor beginnt

Sonntagsspaziergang auf der Via Appia Antica. Rosengarten auf dem Aventin (rechts oben). Grabmal der Cecilia Metella an der Via Appia Antica (rechts).

Tipp

Lido-Alternative

Wem der Lido di Ostia zu überlaufen ist, der fährt von Rom aus nicht in südwestlicher, sondern nordwestlicher Richtung mit dem Zug in Richtung Civitavecchia und ist in etwa einer Dreiviertelstunde in **Santa Marinella**, einem kleinen Ort mit einer sichelförmigen Sandbucht. Vom Bahnhof sind es keine 500 Meter zum Strand. Auch hier steht Schirm an Schirm, aber es ist nicht so viel Halligalli. Man zahlt etwa zwei Euro für die Strandnutzung oder liegt umsonst mitten im Ort auf den Felsen. Das Meer ist blau, das Eis am Stiel, und abends geht es mit dem Zug zurück. Man steigt zum Beispiel am Bahnhof San Pietro aus – das Handtuch um den Hals, das Salz klebt noch auf der Haut –, sieht am Bahnsteig Römer und Römerinnen in Anzügen und Kostümchen aus den Büros kommen und lässt schlendernd den Tag ausklingen.

die ab dem Jahr 312 v. Chr. errichtete, nach dem Zensor Appius Claudius Caecus benannte ❸ **Via Appia Antica TOPZIEL.** Die Appische Straße war genormt: Ihre Breite betrug 14 römische Fuß, etwa 4,15 Meter, damit zwei Wagengespanne aneinander vorbeifahren konnten. Neben der Fahrbahn gab es zwei durch einen Bordstein von der Straße getrennte Fußgängerwege aus gestampfter Erde. Empfehlenswert ist ein Besuch der Via Appia Antica an Sonn- und Feiertagen, da die Straße dann von 9.00 bis 16.00, im Sommer bis 18.00 Uhr weitgehend für den Autoverkehr gesperrt ist.

An die Begegnung des heiligen Petrus mit dem „Wanderer" erinnert die kleine Kirche ❹ **Santa Maria in Palmis,** auch Chiesa del Domine Quo Vadis genannt.

Wegen des damaligen Bestattungsverbots innerhalb der Stadtgrenze entstanden entlang der römischen Ausfallstraßen regelrechte Nekropolen. Auch die Via Appia Antica wird bis heute von vielen Familien- und Gemeinschaftsgräbern gesäumt. So erhebt sich im Park der ❺ **Maxentiusvilla** (Via Appia Antica 153, Di. bis So. 10.00–16.00 Uhr) ein wohl dem Valerius Romulus, dem Sohn des Maxentius (Kaiser 306–312), gewidmetes Mausoleum. Auffälliger ist das Grabmal der Cecilia Metella, ❻ **Tomba**

Im Uhrzeigersinn: Das antike Amphitheater von Ostia Antica; römische Baywatch am Lido di Ostia; Caseggiato del Thermopolium (Häuserblock mit Garküche auf dem Ausgrabungsgelände); Abschied von einem schönen Tag am Meer.

di Cecilia Metella (Via Appia Antica 161, www.coopculture.it; Di.–So. 9.00 Uhr bis 1 Std. vor Sonnenuntergang), ein pompöser Rundbau direkt an der Straße, der einst den inkognito reisenden Goethe ziemlich beeindruckte. Aber nicht jeder konnte sich solch monumentale Gräber leisten; Art und Aussehen der antiken Grabstätten unterscheiden sich je nach sozialer Zugehörigkeit und Begräbnisritus. Schon damals gab es sowohl Erd- als auch Feuerbestattung. In republikanischer Zeit bevorzugte

Tipp

Castel Gandolfo

. . . .

Die **päpstliche Sommerresidenz** liegt rund 20 km südöstlich von Rom in den Albaner Bergen. Urban VIII. war 1626 der erste Papst, der hier seinen Urlaub verbrachte. Mit der benachbarten Villa Barberini gehört das Gebiet seit 1929 als exterritoriale Zone zum Vatikanstaat. Die päpstlichen Gärten können besucht werden, ebenso der Palast. Zwar bleibt der Zutritt zu den privaten Gemächern verwehrt, aber man darf auf die große Terrasse, von der man einen herrlichen Blick hat.

Anfahrt mit dem Auto von der Ringautobahn GRA auf der N 215 bis Frascati bzw. auf der N 7 bis Castel Gandolfo; mit dem Zug ab Roma Termini nach Frascati oder Castel Gandolfo. Info Führung: www.museivaticani.va

man die Einäscherung, wovon viele Kolumbarien (Kammern mit Nischen für Tausende von Graburnen) zeugen. In der Kaiserzeit war die Erdbestattung weiter verbreitet, was die Einrichtung von Katakomben notwendig machte – labyrinthartig verzeigte unterirdische Friedhöfe, die schon den frühen Christen nicht nur als Begräbnis-, sondern oft auch als Kultstätten dienten, wie etwa die 2010 in den Katakomben von **Santa Tecla** entdeckten bisher ältesten Bildnisse der vier Apostel Paulus, Petrus, Andreas und Johannes zeigen. Die „erhabensten und berühmtesten" (Papst Johannes XXIII.) Katakomben Roms sind die Calixtus-Katakomben, **⑦ Catacombe di San Callisto** (Via Appia Antica 110, www.catacombesancallisto.it; Do. bis Di. 9.00–12.00, 14.00–17.00 Uhr), vermutlich die ältesten christlichen Katakomben der Stadt. Auf vier Geschossen und einer Fläche von 300 mal 400 m erstreckt sich hier, nach dem zweiten Meilenstein der Via Appia Antica, ein enges, in den weichen Tuffstein getriebenes Netz von Gängen und Grabkammern mit geschätzten 170 000 Gräbern. Höhepunkt ist die Krypta der Päpste.

RESTAURANT

Kurz nach dem Grabmal der Cecilia Metella gibt es mit dem € **Appia Antica Caffè** (Via Appia Antica, Ecke Via di Cecilia Metella, www.appiaanticacaffe.it) die einzige Bar weit und breit; wer nichts zu trinken mitgenommen hat, kann sich hier noch für den weiteren Weg eindecken. Es gibt auch einen Fahrradverleih.

⑧ EUR – Esposizione Universale di Roma

Die „Esposizione Universale di Roma" (EUR), eine gigantische Trabantenstadt mit Wohnquartieren, Museen und öffentlichen Parkanlagen im Süden Roms, sollte die Macht des Faschismus zementieren, und das im Wortsinn. Wegen des Krieges fand Mussolinis geplante Weltausstellung 1942 zwar nicht statt, gleichwohl wurde das seit dem Ende der 1930er-Jahre entstandene Viertel – heute mit seinen weiten Grünanlagen eine beliebte Wohnge-

gend – bis 1951 fertiggestellt. Um einen Blick auf Mussolinis antikisierende Monumentalarchitektur zu werfen, braucht man nur auf der Fahrt nach Ostia an der Metrostation Magliana auszusteigen.

SEHENSWERT

Markantester Bau ist der **Palazzo della Civiltà del Lavoro**, ein 6-stöckiger, quaderförmiger Arbeitspalast am Quadrato della Concordia, der mit seinen 216 Rundbogenarkaden an das Colosseo erinnert. Unweit davon erhebt sich der Kuppelbau des **Palazzo dei Congressi**. Der **Palazzo dello Sport**, ein Rundbau von Marcello Piacentini und Pier Luigi Nervi, wurde erst 1957 für die drei Jahre später stattfindenden Olympischen Sommerspiele in Rom fertiggestellt.

Für den Einzug der architektonischen Moderne in das Stadtviertel sorgte der römische Architekt Massimiliano Fuksas. Der Bau seines Kongresszentrums mit Konzerthalle **Nuvola** (www.romaconventiongroup.it) zog sich seit Baubeginn 2008 jedoch nur schleppend hin; die Kosten stiegen immer weiter, sodass 2015 sogar Pläne aufkamen, Museen der EUR zu verkaufen, um den Bau zu realisieren. Das war letztlich nicht nötig. Im Oktober 2016 konnte das futuristische, an eine Wolke im Glasquader erinnernde Gebäude an der Via Cristoforo Colombo eingeweiht werden.

Santiago Calatravas einst mit viel Getöse angekündigte, bereits im Jahr 2007 begonnene „Città dello Sport" blieb dagegen bis heute eine teure und gigantische Unvollendete.

⑨ – ⑩ Ostia

Gemäß der antiken Tradition wird die Gründung dieser ersten römischen Kolonie dem legendären vierten römischen König zugeschrieben, Ancus Marcius (640–616 v. Chr.); die ältesten architektonischen Spuren der antiken Hafenstadt wurden aber auf das 4. Jh. v. Chr. datiert. Für die Fahrt hierher bieten sich öffentliche Verkehrsmittel an: Mit der Metropolitana B fährt man bis zur Station Piramide und steigt dort um in den Vorortzug, in dem das Metroticket weiter gilt. Ostia Antica hat eine eigene

Haltestelle. Am Lido gibt es gleich mehrere Stationen, von denen die erste (Lido Nord) noch zu weit vom Strand entfernt ist. Die Endhaltestelle heißt Lido C. Colombo; dort geht es am Strand noch ruhiger zu.

SEHENSWERT
Obwohl das antike Ostia, **9 Ostia Antica TOPZIEL** (Scavi di Ostia, Via dei Romagnoli 717, www.ostiaantica.beniculturali.it; Di.–So. 8.30 bis 17.00, Sommer bis 19.00 Uhr), an der Mündung des Tiber ins Meer gegründet wurde, befindet es sich heute aufgrund der allmählichen Versandung durch das Schwemmgut des Flusses etwa 7 km landeinwärts. In der römischen Kaiserzeit entwickelte sich Ostia zu einem Welthafen mit bis zu 100 000 Einwohnern. Die seit dem 19. Jh. ausgegrabenen antiken Reste gehören mit Pompeji und Herculaneum zu den am besten erhaltenen römischen Ruinenlandschaften. Ein besonderes Erlebnis sind im Sommer die im **Teatro Romano** auf dem Ausgrabungsgelände veranstalteten Konzerte (Einlass ab 20.00, die Veranstaltungen beginnen um 21.00 Uhr).
Die allmähliche Versandung trug auch zum Niedergang der Hafenstadt bei. Wo sich heute der **10 Lido di Ostia TOPZIEL** (www.turismo roma.it/de/quartieri/ostia) befindet, lag früher das offene Meer. Das moderne Ostia sollte man sich aber nicht als idyllisches Fischerdorf vorstellen, sondern als einen relativ gesichtslosen Ort, bei dem der direkte Weg zur Strandpromenade (Lungomare) wohl auch der beste ist. Es wurde im Jahr 1908 als Küstengemeinde Roms gegründet und 1927 mit der Via del Mare, der ersten Autobahn Italiens, an die Hauptstadt angebunden. Nachdem der Charme der Badeanstalten, Diskotheken und Bars am Lungomare in den letzten Jahrzehnten zunehmend verblasst war, finden die Hauptstädter den Besuch in „ihrem" Strandbad nun wieder schick.

RESTAURANTS
Erstaunlicherweise gibt es nur wenige Restaurants mit einer Terrasse direkt am Meer. Bei Familien beliebt ist das bodenständige € € **Arcobaleno** (Lungomare Toscanelli 185, Tel. 06 5 69 18 53), wo man auf einer Holzterrasse gemischte Meeresfrüchte als üppige Vorspeise für etwa 12 € genießen kann.
Am ruhigeren, südlichen Ende des Lido liegt € € **La Vecchia Pineta** (Piazzale dell'Aquilone 4, Tel. 06 56 47 02 55, www.lavecchiapineta.com), ein Strandbad, zu dem ein elegantes Restaurant mit schöner Terrasse gehört.

UNTERKUNFT
Direkt am Meer, mit Blick ins Blaue wohnt man im leicht angekitschten € € **Hotel Sirenetta** (Lungomare Paolo Toscanelli 46, Ostia Lido, Tel. 06 5 62 23 10 oder 06 5 62 27 20).
Edler ist das € € € **Smy Aran Blu Roma Mare** (Lungomare Duca degli Abruzzi 72, Lido di Ostia, Tel. 06 56 34 02 25, www.smyhotels.com/de/smy-aran-blu). Das Designhotel punktet mit zwei Dachterrassen mit Blick auf Meer und Hafen. Auch das Restaurant und die ganztägig geöffnete Bar bieten Meerblick.

HORTUS URBIS — GÄRTNERN WIE DIE ALTEN RÖMER

Was sie wohl angepflanzt haben, die alten Römerinnen und Römer? Interessanterweise macht man sich darüber weniger Gedanken als über ihren Straßenbau. Aber die Riesenstadt Rom musste versorgt werden. Dafür waren dann wiederum die Straßen wichtig, auf denen Lebensmittel aus dem Umland zu den Märkten gebracht wurden – aber eben auch die Gärten.

Wie so ein Nutzgarten ausgesehen haben könnte, davon kann man sich im Hortus Urbis ein Bild machen, einer von Zappata Romana – einer Dachorganisation für Nachbarschaftsprojekte –gegründeten Gartenbauinitiative, bei der überwiegend ehrenamtliche Freiwillige mitarbeiten. Es geht um biologische Vielfalt, aber zugleich um einen Garten mit Pflanzen, die im alten Rom genutzt wurden.

Die rund hundert Arten sind entweder in den Büchern antiker Autoren erwähnt oder wurden bei den Ausgrabungen in Pompeji entdeckt. Meist handelt es sich um Heilpflanzen. So wurde Borretsch gegen depressive Verstimmungen angewendet, Ysop gegen Läuse und Gänseblümchen bei Stichwunden der Legionäre.

Der Garten befindet sich unweit der Chiesa del Domine Quo Vadis und ist gut zu erreichen über die gleichnamige Bushaltestelle der Linien 118 und 218, Fahrtrichtung Appia Antica.

Man kann die Anlage am Wochenende besichtigen (Anm. per Mail). Es werden auch **Führungen**, **Workshops** und **Kurse** für Kinder und Erwachsene angeboten zu Themen wie Erkennen essbarer Wildpflanzen, Schnitt von Rosen oder Obstbäumen oder auch Brot- und Pizzabacken im Holzofen.

www.hortusurbis.it

Die interessantesten Unterkünfte

WIE MAN SICH BETTET, SO LIEGT MAN

Was darf's denn sein: Blick auf den Petersdom, auf die Spanische Treppe oder in einen römischen Hinterhof? Möchten Sie gern in einem (ehemaligen) Kloster logieren, von moderner Kunst umgeben, in einem Biohotel? Oder soll es doch „nur" wieder der gute alte Luxus sein? Wir verraten Ihnen hier unsere ganz persönlichen Favoriten.

4 Pilgerhotel

1 Hotel Art by the Spanish Steps

Die Via Margutta ist die passende Umgebung für das Hotel Art. Zwischen Galerien und Antiquitätenläden fügt sich das Designhotel schön ins Kunstquartier. Auch weil das Haus an sich viel älter ist – die Rezeption des Luxushotels nahe der Spanischen Treppe ist in einer ehemaligen Kapelle untergebracht.

Via Margutta 56,
Tel. 06 32 87 11,
www.gruppouna.it/espe
rienze/hotel-art-by-the-
spanish-steps

2 Casa di Santa Francesca Romana

Das Haus der hl. Franziska liegt im Stadtteil Trastevere, in der Nähe der Basilika der hl. Cäcilia. Jahrhundertelang wohnte hier das Adelsgeschlecht der Ponziani. Die hl. Franziska von Rom, Gemahlin von Lorenzo de Ponziani, bewohnte das Haus mit Innenhof und kleiner Kapelle 40 Jahre lang. In dieser Zeit soll sie zahlreiche Wunder vollbracht haben.

Via dei Vascellari 61,
Tel. 06 5 81 21 25,
www.sfromana.it

3 Hassler

Das Hassler ist eines der berühmtesten Luxushotels in Rom. Allein schon die Lage ist sensationell: an der Piazza della Trinità dei Monti, also direkt oberhalb der Spanischen Treppe, mit fantastischem Blick über die Ewige Stadt. Hier haben schon Grace Kelly und Fürst Rainier von Monaco ihre Flitterwochen verbracht. Tom Cruise und Katie Holmes sollen für ihre Hochzeit gleich drei Stockwerke gemietet haben.

Piazza della Trinità dei Monti 6, Tel. 06 6 93 40, www.hotelhasslerroma.com

Das von einem mediterranen Garten umgebene Gästehaus des Deutschen Ordens in Rom, eine Jugendstilvilla mit 24 Zimmern, liegt in einem gutbürgerlichen Viertel an der alten Römerstraße Via Nomentana, außerhalb des Zentrums. In der Nähe finden sich die frühchristlichen Kirchen Santa Costanza und Sant'Agnese, auf dem Grundstück selbst eine frühchristliche Katakombe, die jedoch aus Sicherheitsgründen nicht besichtigt werden kann.

Via Nomentana 421,
Tel. 06 86 21 80 12,
www.gaestehaus-rom.it

5 Aldrovandi Villa Borghese

Das prächtige Gebäude der 5-Sterne-Nobelherberge mit Wellnessbereich und Pool im Garten wurde einst als Kloster erbaut und liegt sehr ruhig am Rand der Gärten der Villa Borghese. Zu Fuß gelangt man in 30 Minuten zur Spanischen Treppe; die Metrostation Flaminio/Piazza del Popolo ist 20 Gehminuten entfernt. (Bei Redaktionsschluss wegen Renovierung noch geschlossen.)

Via Ulisse Aldrovandi 15,
Tel. 06 3 22 39 93,
www.aldrovandi.com

10

5

8

9

6 Hotel Sole

Das Hotel mit Dachterrasse und begrüntem Innenhof gilt als ältestes der Stadt, weil an der Stelle schon früh Pilgerherbergen standen. Es liegt mitten im Centro Storico, nur wenige Meter vom Campo de' Fiori und unweit der Piazza Navona. Pantheon, Fontana di Trevi oder Spanische Treppe sind leicht zu Fuß zu erreichen. Erbaut wurde das Haus über den Resten des Teatro di Pompeo, in dem 44 v.Chr. während einer Senatssitzung Julius Caesar ermordet wurde.

Via del Biscione 76,
Tel. 06 6 87 94 46,
www.hotelsoleroma.it

7 Belvilla

In einer Ferienwohnung kann man sich schnell wie ein Einheimischer fühlen: Morgens trinkt man den *caffè* in der immergleichen Bar, fürs Nachtessen stromert man über den Gemüsemarkt. Einen findet man hier nahe beim Haus. Die komfortable, kleine, für Paare ideale Ferienwohnung des deutschen Anbieters „Ferienhausmiete" liegt südlich der Stazione Termini, in der vierten Etage eines römischen Palazzo. Bushaltestellen befinden sich direkt vor der Haustür.

www.ferienhausmiete.de/
262756.htm#description

8 G-Rough Luxury Suites

Die Wände im Shabby Chic, die Möbel von italienischen Designern seit den 1930er-Jahren. Originalstücke kombiniert mit Barockelementen. Leider bezieht sich Shabby nicht auf die Preise – also teuer. Weil Design und in der Nähe der Piazza Navona gelegen. Wer es sich leisten kann, bucht das 90 Quadratmeter große Penthouse auf dem Dach.

Piazza di Pasquino 69,
Tel. 06 68 80 10 85,
https://g-rough.com

9 Raphael

Das Schönste an dieser nur wenige Schritte von der Piazza Navona entfernten Nobelherberge ist der Blick von der Terrasse, also die Stadt Rom selbst als Hauptdarstellerin in einer hier in höchstem Luxus schwelgenden Inszenierung. Erfreulich aber auch der „ökologische Mehrwert", den die Mitgliedschaft im „Bio Hotels"-Netzwerk verspricht. Klar, dass das auf der *terrazza* kredenzte Gourmetmenü dann auch nur ein vegetarisches (oder veganes) sein kann.

Largo Febo 2, Tel. 06 68 28 31,
www.biohotelraphael.com

10 Hotel de Russie

Als „Paradies auf Erden" pries der französische Filmregisseur Jean Cocteau (1889–1963) das zwischen der Piazza del Popolo und der Spanischen Treppe gelegene Hotel, und natürlich ist so ein Zitat auch eine Verpflichtung. Wie sehr man ihr hier gerecht wird, muss jeder für sich selbst entscheiden. „Luxus" ist dabei jedenfalls keine Kategorie – den setzt man hier einfach voraus.

Via del Babuino 9,
Tel. 06 32 88 81,
www.roccofortehotels.com

HILFREICH & NÜTZLICH

Praktische Informationen für die Reise und Wissenswertes für den Aufenthalt in der „Ewigen Stadt" haben wir hier für Sie zusammengestellt.

Auskunft

In Deutschland: Staatliches Italienisches Fremdenverkehrsamt ENIT, Barckhausstr. 10, 60325 Frankfurt, www.enit-italia.de
In Österreich: Mariahilfer Str. 1 b, 1060 Wien, www.enit.at
In Rom: Umfassende Informationen bietet www.turismoroma.it. Es gibt einige tagsüber geöffnete Infokioske, z. B. in den Flughäfen und am Bahnhof Termini.

Essen und Trinken

Gegessen wird morgens wenig bis nichts, mittags leicht, abends spät. Aus der späten Kost erklärt sich auch das in der Regel eher mickrige Frühstück im Hotel. Mittags isst der Römer meist nur ein Sandwich, ein Tramezzino oder auch mal ein Stück Pizza aus der Hand. Abends muss dann Zeit sein für ein mehrgängiges Mahl. Wein trinkt man im Unterschied zu deutschen Gepflogenheiten nur zum Essen. Danach sitzen zu bleiben und in froher Runde eine weitere Flasche zu bestellen, ist in Italien unüblich. Nach Grappa und *caffè* ist Schluss. Letzterer ist kaum mehr als eine schwarze Pfütze in einer kleinen Tasse, ein Espresso also. Einen Cappuccino trinken die Römer nur am Morgen in der Bar, wo die meisten frühstücken.

Feiertage

Das katholische Italien kennt viele Feiertage. Am 1. Jan. (Neujahr), 6. Jan. (Dreikönigstag), Ostermontag, 25. April (Tag der Befreiung vom Faschismus), 1. Mai (Tag der Arbeit), 15. Aug.

(Mariä Himmelfahrt), 1. Nov. (Allerheiligen), 8. Dez. (Unbefleckte Empfängnis), 25./26. Dez. (Weihnachten) sind Geschäfte, evtl. auch Museen geschlossen. Am 21. April (Roms Geburtstag) und 29. Juni (Fest der Stadtpatrone Petrus und Paulus) können Postämter und Büros der Stadtverwaltung ebenfalls geschlossen sein.

Gesundheit

Alle Krankenhäuser Roms verfügen über die Erste-Hilfe-Station **Pronto Soccorso**, in der man kostenlos versorgt wird. Für akute Notfälle

Roma-Pass

Für 52 € gibt es den dreitägigen **Roma-Pass**, eine Touristen- und Kulturkarte, die vielerlei Preisnachlässe und Serviceleistungen beinhaltet. Zu den Vergünstigungen gehören der Gratiseintritt zu den ersten beiden besuchten Museen und/oder archäologischen Stätten nach Wahl, ermäßigter Eintritt zu weiteren Museen bzw. archäologischen Stätten, freie Fahrt mit den öffentlichen Transportmitteln der ATAC. Beim Kolosseum gibt es eine Extraschleuse für Inhaber des Roma-Pass, also direkten Zugang. Erhältlich unter www.romapass.it, beim Call Center 00 39 06 06 08 sowie bei allen angeschlossenen Museen und Sehenswürdigkeiten.

bei Kindern wendet man sich ans Pronto Soccorso des **Ospedale Bambino Gesù** (Piazza S. Onofrio 4, www.ospedalebambinogesu.it). Ärzte und Krankenhäuser der örtlichen Gesundheitsbehörden (ASL) akzeptieren die **Europäische Gesundheitskarte** EHIC (European Health Insurance Card) und rechnen direkt mit der deutschen Krankenkasse ab. Die deutsche Botschaft vermittelt Adressen Deutsch sprechender Ärzte (https://italien.diplo.de/it-de/service/07-KonsularinfoA-Z/-/2584036).

Hotels

Unterkunftsempfehlungen stehen im Infoteil der jeweiligen Kapitel.

Preiskategorien

€ € € €	Doppelzimmer	über 220 €
€ € €	Doppelzimmer	170 – 220 €
€ €	Doppelzimmer	120 – 170 €
€	Doppelzimmer	80 – 120 €

In der Nebensaison – in Rom sind das die Sommermonate Juli und August – bezahlt man deutlich weniger. Günstige Hotels findet man in Bahnhofsnähe, durchaus keine verrufene Gegend und zudem zentral. Bed & Breakfast ist in Rom noch nicht so verbreitet, dafür entstehen immer mehr Hostels für das jüngere Publikum. Eine gute Auswahl bietet www.german.hostel world.com.
Vor Ort im Hotel ist eine **Übernachtungssteuer** zu bezahlen. In Hotels mit einem oder

Marktstand an der Via del Corso: Alles frisch!
Linke Seite (im Uhrzeigersinn):
„Mund der Wahrheit" in der Vorhalle von Santa Maria in Cosmedin; Sightseeing-Tour; die Wölfin mit Romulus und Remus vor dem Kapitol

Preiskategorien

	Hauptspeisen	über 35 €
€ € € €	Hauptspeisen	25–35 €
€ € €	Hauptspeisen	15–25 €
€ €	Hauptspeisen	bis 15 €
€		

2 Sternen werden 5 € pro Person und Nacht erhoben, bei 3 Sternen 6 €, bei 4 Sternen 9 € und in 5-Sterne-Hotels sogar 10 €. Nur Kinder unter 2 Jahren sind davon befreit.

Notruf

Europäische Notrufnummer: 112 (kostenlos von jedem Festnetz- und Mobiltelefon in der EU)
Allgemeiner Notruf: 113
Polizei: 113
Erste Hilfe: 118
Feuerwehr: 115
Pannendienst: 116
ADAC-Notruf: Tel. +49 89 22 22 22

Öffnungszeiten

Die Öffnungszeiten differieren stark. Banken haben in der Regel Mo.–Fr. 8.30–13.30 sowie nachmittags eine Stunde geöffnet, Geschäfte meist Mo.–Fr. 8.30–12.30, 15.30–19.30, Sa. 9.00 bis 22.00 Uhr, Lebensmittelläden auch So. vormittags, Postämter Mo.–Fr. 8.00–19.00, Sa. bis 13.00 Uhr (www.poste.it). Die meisten Restaurants schließen nachmittags.

Restaurants

Restaurantempfehlungen stehen im Infoteil der jeweiligen Kapitel.

Essengehen ist in Italien relativ teuer. Am günstigsten sind Pizzerien. Trattorien bereiten einfache Gerichte auf besserem Niveau und sind entsprechend teurer. Am teuersten – meist auch am besten – isst man in den *ristoranti*. Je teurer ein Restaurant, desto dringender sollte man Plätze reservieren.
Die Restaurantküchen servieren meist von 12.00 bis 15.00 und 19.00 bis 23.00 Uhr warmes Essen, im Hochsommer abends länger. *Pane e coperto* bedeutet „Brot und Gedeck". Es kostet zwischen einem und vier Euro und wird grundsätzlich berechnet.
In Italien ist es unüblich, sich in einem Restaurant einfach an einen freien Tisch zu setzen oder sich gar zu anderen dazuzusetzen. Man wartet auf einen Kellner, der dem Gast einen Platz zuweist.

Info

Geschichte

753 v. Chr.: Legendäre Stadtgründung durch Romulus und Remus.
7.–6. Jh. v. Chr.: Zeit der etruskischen Könige.
5.–4. Jh. v. Chr.: Nach heftigen Ständekämpfen erfolgt der Ausbau der Republik mit Verfassung und Verwaltungsstruktur.
2. Jh. v. Chr.: Rom erringt die Vorherrschaft im Mittelmeerraum.
133–30 v. Chr.: Revolutionen, Restaurationen, Triumvirate und Militärdiktaturen zerstören die Republik.
27 v. Chr.–14 n. Chr.: Friedensstiftende Alleinherrschaft (Prinzipat) von Augustus und Aufbau des römischen Imperiums mit Rom als glanzvoller Kaiserresidenz.
64: Ein Großbrand verwüstet die Stadt, möglicherweise mit Billigung Kaiser Neros.
98–117: Unter Trajan erlangt das Imperium Romanum seine größte Ausdehnung.
117–138: Kaiser Hadrian festigt die Grenzen.
235–285: Während der Reichskrise regieren 22 „Soldatenkaiser"; es kommt zu Christenverfolgungen; die Stadt wird befestigt.
293: Diokletian errichtet die Tetrarchie (Viererherrschaft) und reformiert die Verwaltung.
4. Jh.: Unter Kaiser Konstantin Duldung des Christentums und allmählicher Aufstieg zur Staatsreligion. Teilung in Ost- und Westreich.
476: Untergang des Weströmischen Reiches. In Rom regiert der Papst als Stadtherr.
493–753: Niedergang Roms während der Ostgoten- und Langobardenherrschaft. Die Bevölkerung sinkt von 1 Mio. auf 30 000 Menschen.

756: Frankenkönig Pippin besiegt die Langobarden und schenkt dem Papst die befreiten Landesteile.
800: Karl der Große wird römischer Kaiser.
9.–13. Jh.: Machtkämpfe zwischen Kaiser und Papst.
1309–1417: Exil der Päpste in Avignon.
16.–18. Jh.: Römische Adelsfamilien stellen die Päpste und statten die Tibermetropole mit Prunkpalästen und Kirchen aus.
1798–1815: Französische Truppen besetzen den Kirchenstaat, der 1809 Teil des napoleonischen Kaiserreiches wird. 1815 kehrt der Papst als Souverän zurück.
1870: Rom wird Hauptstadt des vereinigten Königreiches Italien.
1929: Die Lateranverträge sichern dem Vatikanstaat ein souveränes Hoheitsgebiet.
1944: Die faschistische Diktatur endet mit der Befreiung Roms durch die Alliierten.
1946: Per Volksentscheid wird die Italienische Republik ausgerufen.
1957: Gründung der EWG (heute EU) durch die Römischen Verträge.
1968: Feier des ersten Weltfriedenstages.
1978: Wahl von Papst Johannes Paul II.
1984: Laut Konkordat ist der römisch-katholische Glaube nicht mehr Staatsreligion.
2000: Rom empfängt im Heiligen Jahr mehr als 25 Mio. Pilger.
2005: Knapp 4 Mio. Gläubige trauern in Rom um Papst Johannes Paul II.; der deutsche Benedikt XVI. wird zu seinem Nachfolger gewählt.

2006: Gründung eines neuen jährlichen Filmfestivals am Tiber: Festa del Cinema.
2008: In der 62. Nachkriegsregierung wird Silvio Berlusconi Ministerpräsident.
2010: Zaha Hadids MAXXI-Museum öffnet.
2011: Rom führt eine Bettensteuer für Touristen ein – bis zu 10 € pro Nacht.
2013: Papst Benedikt XVI. tritt zurück. Als Nachfolger wird der Argentinier Jorge Mario Bergoglio gewählt; er gibt sich den Namen Franziskus.
8. Dez. 2015 –20. November 2016: Der Papst erklärt den Zeitraum zum „Außerordentlichen heiligen Jahr der Barmherzigkeit".
2017: Krisengipfel europäischer und afrikanischer Minister wegen des Flüchtlingsdramas in Rom. Die europäische Union feiert Geburtstag: Vor 60 Jahren unterzeichneten Italien, Frankreich, Deutschland und die Benelux-Staaten die Römischen Verträge.
2020: Die Coronakrise trifft Italien besonders hart. Der wochenlange Lockdown im Frühjahr bringt große wirtschaftliche Probleme mit sich.
2021: Roberto Gualtieri regiert ab Oktober als sozialdemokratischer Bürgermeister.
2022: Giorgia Meloni wird Ministerpräsidentin; sie ist die erste Frau, die eine italienische Regierung anführt. Seit 2014 ist sie Vorsitzende der postfaschistischen Partei Fratelli d'Italia.
2023: Im November gibt es einen landesweiten Generalstreik; die Gewerkschaften rebellieren gegen die Wirtschaftspolitik der Rechtsregierung von Ministerpräsidentin Meloni.

Unterwegs in Rom: mit Blick über den Fluss auf die Engelsburg (ganz oben) oder in der Via Sistina (rechts). Zwischendurch darf man sich mal was Süßes gönnen.

Wetterdaten

	TAGES-TEMP. MAX.	TAGES-TEMP. MIN.	WASSER-TEMP.	TAGE MIT NIEDER-SCHLAG	SONNEN-STUNDEN PRO TAG
Januar	12°	4°	14°	9	4
Februar	14°	5°	13°	8	5
März	16°	7°	13°	9	5
April	19°	3°	14°	8	7
Mai	24°	10°	17°	6	9
Juni	28°	17°	21°	4	10
Juli	31°	20°	23°	2	11
August	31°	20°	24°	3	10
September	28°	17°	23°	5	8
Oktober	23°	13°	20°	7	6
November	17°	9°	18°	10	4
Dezember	13°	5°	15°	10	4

Scontrino

Die in Deutschland 2020 eingeführte Bonpflicht gilt in Italien bereits seit 1987. Laut Gesetz sind nicht nur Verkäufer oder Kellner verpflichtet, dem Kunden den *scontrino* („Kassenbon") auszuhändigen. Auch der Kunde muss beim Verlassen des Geschäfts oder Lokals den Bon bei sich haben. Andernfalls droht ihm eine Verwarnung durch die uniformierte Finanzpolizei, dem Händler ein Bußgeld. Nur (Wochen-)Märkte sind von der Regelung ausgenommen.

Sprache

In großen Hotels und besseren Lokalen wird man immer jemanden finden, der Englisch spricht, teilweise auch Deutsch.

Telefon

Nach Italien: +39 vor der Rufnummer; die 0 in der Ortsvorwahl wird mitgewählt.
Innerhalb Italiens: Die Ortsvorwahl ist fester Bestandteil der Nummer und wird (außer bei Sondernummern) immer mitgewählt.
Von Italien in die Schweiz: +41 vor der Ortsvorwahl; die 0 der Vorwahl wird weggelassen.
Nach Deutschland: +49 vor der Ortsvorwahl; die 0 wird weggelassen.
Nach Österreich: +43 vor der Ortsvorwahl; die 0 wird weggelassen.
Mobiltelefon: Die gängigen Netze funktionieren in Rom problemlos.

Daten und Fakten

Einwohner: In Rom – Hauptort der gleichnamigen Metropolitanstadt (bis 2015 Provinz) sowie der Region Latium – leben heute offiziell knapp 2,8 Mio. Menschen; die tatsächliche Einwohnerzahl der Stadt dürfte einiges über 3 Mio. betragen. Rechnet man Latium und die Campagna Romana hinzu, zählt der Ballungsraum Rom rund 5,7 Mio. Einwohner. Während in den letzten Jahren der Zuzug im teuren Innenstadtbereich rückläufig ist, haben in den Vororten Hunderttausende aus dem Süden Italiens, aus Osteuropa, Afrika und Asien eine neue Heimat gefunden.
Bildung: Roms Universität La Sapienza ist mit knapp 104 000 eingeschriebenen Studierenden eine der größten Unis Europas.
Religion: Das Bistum Rom zählt ca. 2,5 Mio. Katholiken. Etwa 4000 Protestanten leben in der Stadt sowie rund 20 000 Juden. Dem Islam gehören ca. 80 000 Gläubige an.
Stadtgebiet: Knapp 1287 km² umfasst die Gemeindefläche der in alle Himmelsrichtungen expandierenden Metropole. Auf das historische Zentrum innerhalb der Aurelianischen Stadtmauer entfallen ca. 140 km². Sozial, politisch und historisch lebt man in

Italiens Hauptstadt getrennt: Für die Bewohner der 22 *rioni* – der traditionellen Viertel innerhalb der Aurelianischen Stadtmauer – gelten nur sie selbst als echte Römer. Außerhalb liegen die 18 *quartieri*, die neuen Stadtteile, sowie elf Vororte (*borgate*); die Grenzen sind aber fließend. Innerhalb Roms ist auch der mit 0,44 km² Fläche kleinste Staat der Welt zu finden: die Vatikanstadt, mit dem Papst als Souverän, der zugleich Oberhaupt der katholischen Kirche ist.
Verwaltung: Die Comune di Roma wird vom Kapitol aus verwaltet, dem Sitz des Bürgermeisters (*sindaco*). Der Magistrat (*giunta municipale*) hat 14, der Stadtrat (*consiglio comunale*) 80 Mitglieder. Alle fünf Jahre finden Kommunalwahlen statt.
Wirtschaft: Da sich ein großer Teil der italienischen Wirtschaft im Besitz des Staates befindet, spielt die Hauptstadt als Verwaltungszentrum dieser Staatsbetriebe eine gewichtige nationale Rolle. Mehr als 80 % der römischen Erwerbstätigen arbeiten in Gastronomie, Hotels und Tourismus, bei Medien, Banken, Versicherungen und in der Modebranche.

REGISTER

Fette Ziffern verweisen auf
Abbildungen

A
Ara Pacis Augustae **30/31**, 40
Auditorium Parco della Musica **85**,
87, 117
Aurelianische Stadtmauer 100,
104/105, 111, 118
Aventin 105, **111**, 111

B/C
Bocca della Verità 55, **116**
Calixtus-Katakomben 99, 112
Campo de' Fiori 23, **28**, **29**, 29, 31,
34, 41, 53, 70, 99, 115
Castel Gandolfo 59, **113**, 113
Chiesa di Sant'Agostino 70
Chiesa San Luigi dei Francesi 70
Cestius-Pyramide 100, 105
Cimitero Verano **21**, 93, 101
Cinecittà 77, **107**, 107
Circo Massimo 55

D/E
Domus Aurea 56
Engelsburg 36, 60, 70, 114, **118**
Esquilin 56, 66, 80, **82**, **83**
Ex Mattatoio di Testaccio 92, 100

F/G
Fontana della Barcaccia **8/9**, 40
Fori Imperiali 56
Forum Romanum **44**, 45, 55, 56
Galleria Alberto Sordi **36**
Galleria Borghese 70, 86
Galleria Nazionale d'Arte Antica 70,
99
Galleria Nazionale d'Arte Moderna
31, 86
Gianicolo **20**, 71, 105
Große Synagoge 40

K/L
Kapitol (Campidoglio) 41, 51, 55, 56,
57, 74, **81**, **116**, 118
Kapitolinische Museen **46**, **49**,
56, 100
Kolosseum 41, 47, **50**, **51**, **55**, 55,
96, **97**, 107, 112, 116
Konstantinsbogen 55, 56
Largo Febo **24**, 71, 115
Lido di Ostia 97, **102/103**, **108**,
109, 109, **112**, 113

M
Maxentiusvilla 112
Monte Testaccio **92**, 100, 111
Museo Centrale Montemartini **100**,
100
Museo Giorgio de Chirico **30**, 40
Museo nazionale delle arti del XXI
secolo (MAXXI) **14/15**, 51, **72/73**,
78, **79**, 79, 87, 117

Museo Nazionale Romano 39, 55,
75, **85**, 85

N/O/P
Nationaldenkmal für Viktor Ema-
nuel II. **49**, 56
Nuvola (Kongresszentrum mit Kon-
zerthalle) 112
Ostia Antica 106, 109, **112**, 113
Palatin **45**, 49, 55, 111
Palazzo Senatorio 56
Palazzo della Civiltà del Lavoro **107**,
112
Palazzo Massimo alle Terme **75**, 85
Pantheon **32**, 39, 95
Petersdom 57, **58/59**, **60**, **61**, **62**,
63, 63, **64**, 69, **69**, **70**, 70, 114
Petersplatz 59, **61**, 61, **63**, **69**, 69
Piazza del Campidoglio **46**, **47**, 56
Piazza del Popolo 20, 29, 40, **76**, **77**,
87, 115
Piazza della Repubblica **74**, 75,
85, 86
Piazza della Rotonda **33**, 39, 95
Piazza di San Apollinare 39
Piazza di Spagna **8/9**, **26/27**, **27**, 34,
40, 86
Piazza Immacolata **95**
Piazza Martin Lutero **47**
Piazza Mattei **32**
Piazza Navona **22/23**, 23, **24**, 25,
27, **39**, 39, 41, 115
Piazza Testaccio **93**
Piazza Venezia 40, 49
Piazza Vittorio Emanuele II 56, 82
Pigneto 36, 89, 93, **94**, 95, 99, **100**, 101
Porta San Sebastiano 105, 111
Protestantischer Friedhof **93**, 100

Q/R/S
Quirinal 48, 56, 86, **120**
Roma Termini 75, 85, 118, 119
San Giovanni in Laterano **48**, 55–57
San Pietro in Vincoli 56
Sant'Andrea delle Fratte 70
Santa Maria dei Miracoli **76**
Santa Maria in Montesanto **76**
Santa Maria in Palmis 107, 112
Santa Maria in Trastevere **99**, 99
Santa Maria Maggiore **56**, 56
Santa Pudenziana **57**
Santi Ambrogio e Carlo 26
Santi Luca e Martina **42/43**
Santissima Trinità dei Monti **8/9**,
26, 40
Scala Santa 51
Spanische Treppe **8/9**, **26/27**, **40**,
40, 114
Stanzen **64**, 70

T
Tempel der Vesta **44**
Tempel des Castor und des Pollux
44, 51

Tempel des Saturn **42/43**
Tempel des Vespasian **42/43**
Terme di Caracalla **56**, 55, 57
Testaccio 89, 91, **92**, **93**, 99, **100**
100, 111
Tiber **18/19**, **40**, 40, **41**, 41
Tiberinsel **40**, 40, **41**, 41
Tomba di Cecilia Metella 55, **107**,
111, 112
Trajansforum **48**, 49, 56
Trajansmärkte 48, 56
Trastevere 12/13, 20, 71, **88/89**, **90**,
91, 91, **99**, 99, 100, 105, 114, 116
Trevibrunnen 40, **74**, 75, 77, 86

V
Vatikan 21, 51, **58–71**, 58–71, 113
Via Appia Antica **20**, 103, **104**, 109,
111, 111, 112

Via dei Condotti **26**, **35**, 36, 37
Via dei Fori Imperiali 55, 56, **97**
Via del Corso **36**, 36, 40, 49, **76**,
87, **117**
Via del Pigneto **94**, 95, 101
Via della Pace **10/11**, 39
Via Flaminia 87
Via Nazionale 75, 85
Via Principe Amedeo **80**, **82**, 85
Via Sacra **44**
Via della Scala **88/89**, **90**, 100
Via Veneto 35, 77, 79, 86, 86
Vierströmebrunnen 24, 39
Villa Ada 20
Villa Borghese 20, 73, 75, 77, **86**, 86,
114, 119
Villa Farnesina **99**, 99
Villa Medici **76**, 86

Impressum

7. Auflage 2024
© DuMont Reiseverlag, Ostfildern

Verlag: DuMont Reiseverlag, Postfach 3151, 73751 Ostfildern, Tel. 0711 45 02-0,
Fax 0711 45 02-135, www.dumontreise.de
Geschäftsführer(in): Dr. Stephanie Mair-Huydts, Markus Schneider
Programmleitung: Andrea Wurth
Redaktion: Elke Schäle-Schmitt
Text: Barbara Schaefer
Exklusiv-Fotografie: Frank Heuer
Titelbild: Max Galli/laif (Piazza Navona)
Zusätzliches Bildmaterial: S. 3 o.: Barbara Schaefer, 8/9: mauritius images/
Gennaro Leonardi/Alamy/Alamy Stock Photos; 18/19: mauritius images/Ingo Boelter;
20 r.: Huber Images/Anna Serrano 21 r.o.: Frank Heuer; 21 r.u.: Barbara Schaefer;
26: mauritius images/Angelo Corceschi/Alamy/Alamy Stock Photos; 66 l.: Cecilia Kilimann; 66 r.: Giolitti; 67 o.l., o.r.: Fatamorgana; 67 u.l.: Barbara Schaefer;
67 u.r.: Cecilia Kilimann; 71: www.pajabikes.eu; 85 r.u.: Frank Heuer; 87: mauritius
images/Cultura/Lucrezia Senserini; 99 u.: Huber Images/Luigi Vaccarella; 101 l.:
mauritius images/Albrecht Weißer/imageBroker; 101 r.: Getty-Images/xPacifica;
100 o.l., 111 l., 112 r.o.: Frank Heuer; 113: www.hortusurbis.it; 114 l.: G-Rough
Luxury Suites; 114 r.: Art Hotel; 115 o.l.: lookphotos/age fotostock; 115 o.r.: Aldrovandi Villa Borghese; 115 u.l.: G-Rough Luxury Suites; 115 u.r.: Frank Heuer;
120 o.: Huber Images/Sebastian Wasek; 120 u.: Huber Images/Luca Da Ros; 121 o.:
laif/Frank Heuer; 121 u.l.: mauritius images/imageBroker; 121 u.r.: lookphotos/
Rainer Martini
Grafische Konzeption, Art Direktion, Layout: fpm factor product münchen
Cover Gestaltung: CYCLUS · Visuelle Kommunikation, Stuttgart
Kartografie: © MAIRDUMONT GmbH & Co. KG, Ostfildern
Kartografie Lawall (Karten für „Unsere Favoriten")
DuMont Bildarchiv: Marco-Polo-Straße 1. 73760 Ostfildern,
bildarchiv@mairdumont.com

Anzeigenvermarktung: MAIRDUMONT MEDIA, Tel. 0711 450 20, Fax
0711 45 02 10 12, media@mairdumont.com, http://media.mairdumont.com
Vertrieb Zeitschriftenhandel: PARTNER Medienservices GmbH,
Postfach 810420, 70521 Stuttgart
Tel. 0711 72 52-212, Fax 0711 72 52-320
Vertrieb Abonnement: Leserservice DuMont Bildatlas,
Zenit Pressevertrieb GmbH, Postfach 810640, 70523 Stuttgart,
Tel. 0711 72 52-265, Fax 0711 72 52-333,
dumontreise@zenit-presse.de
Vertrieb Buchhandel und Einzelhefte:
MAIRDUMONT GmbH & Co. KG, Marco-Polo-Straße 1,
73760 Ostfildern, Tel. 0711 45 02 0, Fax 0711 45 02 340
Reproduktionen: PPP Pre Print Partner GmbH & Co. KG, Köln

Printed in Germany

Urlaub erinnern ...

Wenn jemand eine Reise tut, dann kann er was erzählen. Und nicht nur das. Er nimmt auch etwas mit: Erinnerungen an die schönste Zeit im Leben.

CARPE DIEM — GENIESSE DEN TAG

Wenn schon Kitsch, dann richtig. In Marmor eingravierte Sinnsprüche zum Beispiel. In der Via Margutta, unweit der Spanischen Treppe, gibt es viele Antiquitätenläden und Restauratoren. Auch Läden mit Marmor. Hier findet man Sinnsprüche wie „Carpe diem" – nicht das schlechteste Motto, auch für zu Hause.

ESPRESSOTASSEN

Der Lärm in jeder Bar, in der ruckzuck Kaffee serviert wird und danach der Barista die Tassen laut scheppernd in die Spülmaschine mehr wirft als stellt – dafür braucht es schon ein etwas robusteres Geschirr. Solche ganz normalen, dickwandigen kleinen Tassen findet man nicht in edlen Shops, sondern in gewöhnlichen Supermärkten bei den Haushaltswaren.

ROM LESEN

Ein kleines Buch, genau richtig, um vor dem Einschlafen eine Rom-Geschichte zu lesen: Marco Lodoli, „Inseln in Rom: Streifzüge durch die Ewige Stadt".

KÄSE UND SALSICCIA

Wer nach dem Rom-Aufenthalt nicht weiter durch Italien tourt, sondern zurückreist, sollte am Tag vor der Abreise in einen Supermarkt oder auf einen Wochenmarkt gehen. Vor Ort gekaufte Lebensmittel schmecken noch zu Hause nach Urlaub. Wer aber Fisch kaufen will, sollte vorher Umberto Ecos Buch „Wie man mit einem Lachs verreist" lesen ...

LA DOLCE VITA

Logisch: Wenn schon der bekannteste Rom-Film diesen Titel trägt, gibt man sich gern dem süßen Leben hin. Auch wenn es in Fellinis Film außer um endlose Partys auch um existenzielle Fragen geht – ein bisschen Schwelgen und Schwärmen vom römischen Leben kann man auch noch zu Hause.

ABBIEGEN

Man weiß es ja: Wenn man auf den Spaziergängen durch Rom einfach mal von den bekannten Wegen abbiegt, entdeckt man die Stadt ganz neu. Das könnte man durchaus auch in der eigenen Heimatstadt ausprobieren.

SELBER KRATZEN

Für eine römische *grattachecca* wird Eis von einem großen Block in Gläser gekratzt, Sirup und Obst darübergegeben. An heißen Sommertagen in deutschen Städten können Sie das selbst ausprobieren, vielleicht bei einem Picknick: Einen Eisblock an der Tanke holen und loskratzen.

> »ICH BLICKTE SCHON IM ERSTEN AUGENBLICK VOM HASSLER ÜBER DIE SPAGNA WEG AUF ROM UND ATMETE TIEF EIN UND HATTE DAS GEFÜHL, GERETTET ZU SEIN.«

Thomas Bernhard, österreichischer Schriftsteller

DER MICHELANGELO-MOMENT

„Natürlich sind die Topsehenswürdigkeiten überlaufen. Aber manchmal gelingt es mir, mich für einen Moment nur auf eines zu konzentrieren, etwa den Blick auf Michelangelos Pietà im Petersdom. Dieses Bild nehme ich mit nach Hause." (Frank Heuer, Fotograf)

KEIN SEIN OHNE DESIGN

Wer immer schon davon geträumt hat, eine Handtasche von D & G zu besitzen – oder auch von Prada oder Gucci –, für den gibt es keinen besseren Ort, so ein Designerteil zu kaufen, als die entsprechenden Markenstores in der Via dei Condotti. Auch wenn eine solche Erinnerung an die Ewige Stadt vielleicht fast so viel kostet wie Ihre nächste Rom-Reise.

PRO GRAMM

PORTO PORTUGAL NORDEN

Die Schöne am Douro

Lange im Schatten Lissabons hat sich Porto in den letzten Jahren in der ersten Riege der weltweiten Topreiseziele einen Platz gesichert. Und das zu Recht! Sehen Sie selbst!

Mittelalter live

Abseits der Küsten scheint in Nordportugal die Zeit stillzustehen – ein Besuch in den „historischen Dörfer" zwischen Coimbra und Porto ist ein besonderes Erlebnis.

OSTSEEKÜSTE MECK-POMM

Im Zeichen der Hanse

Wir stellen die Stadtschönheiten Rostock, Stralsund, Wismar, Greifswald und Anklam mit ihren Sehenswürdigkeiten ausführlich vor.

Strände ohne Ende …

… und für jeden Geschmack mit guter Infrastruktur oder ganz naturbelassen. Finden Sie mit Hilfe des DuMont Bildatlas Ihr persönliches Strandparadies.

www.dumontreise.de

LIEFERBARE AUSGABEN

DEUTSCHLAND

207 Allgäu
216 Altmühltal
220 Bayerischer Wald
180 Berlin
162 Bodensee
217 Brandenburg
175 Chiemgau, Berchtesg. Land
237 Dresden, Sächsische Schweiz
152 Eifel, Aachen
157 Elbe und Weser, Bremen
168 Franken
020 Frankfurt, Rhein-Main
112 Freiburg, Basel, Colmar
231 Hamburg
026 Hannover zw. Harz und Heide
042 Harz
023 Leipzig, Halle, Magdeburg
210 Lüneburger Heide
188 Mecklenburgische Seen
038 Mecklenburg-Vorpommern
033 Mosel
190 München
047 Münsterland
223 Nordseeküste Schleswig-Holstein

006 Oberbayern
161 Odenwald, Heidelberg
035 Osnabrücker Land
002 Ostfriesland
164 Ostseeküste Mecklenburg-Vorpommern
154 Ostseeküste Schleswig-Holstein
201 Pfalz
040 Rhein zw. Köln und Mainz
185 Rhön
186 Rügen, Usedom, Hiddensee
206 Ruhrgebiet
149 Saarland
182 Sachsen
159 Schwarzwald Norden
045 Schwarzwald Süden
018 Spreewald, Lausitz
008 Stuttgart, Schwäbische Alb
239 Sylt, Amrum, Föhr
204 Teutoburger Wald
170 Thüringen
037 Weserbergland

BENELUX

156 Amsterdam
011 Flandern, Brüssel
179 Niederlande

FRANKREICH

177 Bretagne
021 Côte d'Azur
032 Elsass
228 Frankreich Südwesten Okzitanien
240 Französische Atlantikküste
019 Korsika
213 Normandie
235 Paris
198 Provence

GROSSBRITANNIEN/ IRLAND

187 Irland
202 London
189 Schottland
227 Südengland

ITALIEN/MALTA/ KROATIEN

181 Apulien, Kalabrien
211 Gardasee
222 Golf von Neapel, Kampanien
163 Istrien, Kvarner Bucht
215 Italien, Norden
233 Kroatische Adria
167 Malta
155 Oberitalienische Seen
158 Piemont, Turin
014 Rom

165 Sardinien
003 Sizilien
203 Südtirol
039 Toskana
232 Venedig, Venetien

GRIECHENLAND/ ZYPERN/TÜRKEI

034 Istanbul
016 Kreta
176 Türkische Südküste, Antalya
229 Zypern

MITTEL- UND OSTEUROPA

236 Baltikum
208 Danzig, Ostsee, Masuren
169 Krakau, Breslau, Polen Süden
044 Prag
193 St. Petersburg

ÖSTERREICH/ SCHWEIZ

192 Kärnten
004 Salzburger Land
196 Schweiz
226 Tirol
197 Wien

SPANIEN/PORTUGAL

043 Algarve
214 Andalusien
150 Barcelona

025 Gran Canaria, Fuerteventura, Lanzarote
172 Kanarische Inseln
199 Lissabon
209 Madeira
174 Mallorca
225 Porto, Portugal Norden
241 Spanien Norden, Jakobsweg
219 Teneriffa, La Palma, La Gomera , El Hierro

SKANDINAVIEN/ NORDEUROPA

166 Dänemark
212 Finnland
153 Hurtigruten
029 Island
200 Norwegen Norden
178 Norwegen Süden
151 Schweden Süden, Stockholm

LÄNDERÜBERGREIFENDE BÄNDE

224 Donau – Von der Quelle zur Mündung
112 Freiburg, Basel, Colmar
221 Kreuzfahrt auf der Ostsee

AUSSEREUROPÄISCHE ZIELE

183 Australien Osten, Sydney
109 Australien Süden, Westen
218 Bali, Lombok
195 Costa Rica
234 Dubai, Abu Dhabi, VAE
160 Florida
205 Iran
027 Israel, Palästina
230 Kalifornien
031 Kanada Osten
191 Kanada Westen
171 Kuba
238 Marokko
022 Namibia
194 Neuseeland
041 New York
184 Sri Lanka
048 Südafrika
012 Thailand
046 Vietnam